RECLAM-BIBLIOTHEK

Frauen schimpfen anders als Männer. Zumindest in der Öffentlichkeit. Das macht Evelyne Polt-Heinzl deutlich, die mit detektivischem Spürsinn Biographien, Briefwechsel und Rezensionen gesichtet und dabei herzhafte wie subtile Bösartigkeiten von Schriftstellerinnen, Frauenrechtlerinnen, Schauspielerinnen, Schwiegermüttern und anderen Frauen des öffentlichen Lebens zusammengetragen hat.

Wo Männer rauhbeinig, aber dafür unmißverständlich ins Feld ziehen, da gehen Frauen oft zweideutiger vor. Nicht immer entledigen sie sich ihres angestauten Mißmuts mit befreienden verbalen Rundumschlägen. Sie bedienen sich auch gerne scheinbar wohlwollender Sympathiebekundungen, die hinter der freundlichen Tarnkappe alles, nur nichts Gutes vermuten lassen. Ob sie das so herrlich effektiv macht – die weibliche Häme? Grund genug, ihr ein kleines Denkmal zu setzen.

Frauen beschimpfen Frauen

Herausgegeben von Evelyne Polt-Heinzl

RECLAM VERLAG LEIPZIG

ISBN 3-379-01607-1

Reclam-Bibliothek Band 1607
1. Auflage, 1997
Reihengestaltung: Hans Peter Willberg
Umschlaggestaltung: Matthias Gubig
Gesetzt aus Meridien
Satz: abg satz und bild GmbH, Altenburg
Druck und Bindung: Ebner Ulm
Printed in Germany

Inhalt

Prolog I: Frauen-Streitkultur

Noch immer liegt es dunkel wie Schleier über den Beziehungen von Frauen zueinander. Vor hundert Jahren war es einfach genug; die Frauen waren Sterne, die nur im männlichen Sonnenschein leuchteten; des Lichts beraubt, verblaßten sie zu Nichtigkeiten – schnieften, zankten und beneideten einander – so sagten die Männer. Aber nun, das muß man zugeben, sehen die Dinge weniger befriedigend aus. Leidenschaft und Abscheu zeigen sich auch hier, und es ist keineswegs sicher, daß jede Frau von blankem Neid erfüllt ist, wenn sie liest, was eine andere geschrieben hat.

Virginia Woolf

So mache ich Gebrauch von dem günstigen Zufall der mir in der Redactrice des Morgenblattes, eine freundlich verwandte Seele zeigt, und lege als Frau mein Geheimniß und mein Urtheil – oder vielmehr mein Gefühl – in die Hand der Frau.

Karoline Pichler

Als mein letztes Buch veröffentlicht wurde, nannte mich irgendeine Kritikerin in mittleren Jahren eine Schriftstellerin in mittleren Jahren …

Ich dachte viel über die Bezeichnung »in mittleren Jahren« und darüber nach, warum sie mich so störte. Schließlich war das eine Buchsaison voller Titel darüber, wie schick es ist, in mittleren Jahren zu sein. Ich fragte mich, was damit nicht stimmte. Für meine Generation schreibender Frauen sollte der Begriff »in mittleren Jahren« ein Ehrentitel sein.

Denn wer waren schließlich unsere Rollenmodelle? Sylvia Plath, Anne Sexton, Virginia Woolf – alle brachten sich vor oder in den mittleren Jahren um …

Wir sollten also stolz und nicht beschämt sein, es geschafft zu haben. Dennoch reicht das sexistische Stereotyp so tief, daß selbst eine Kritikerin in mittleren Jahren eine andere Frau als »in den mittleren Jahren« bezeichnet und erwartet, damit etwas Gutes getan zu haben für – für was? Für den Feminismus? Nein – für die Kollaboration. Denn die Kritikerin weiß, daß sie nur geduldet ist. Und um ihren eigenen Job zu behalten, soll sie andere Frauen in den Schmutz ziehen – vor allem berühmte Frauen, die es zu etwas gebracht haben. So macht die Kultur Kapos aus uns allen.

Diejenigen von uns, die gegen die Kollaboration protestieren, werden auf verschiedene Weise bestraft: Sie bekommen keine fairen Kritiken, keine angesehenen Stipendien und Preise, sie werden nicht in Akademien gewählt. Die Regeln sind subtil und unverfroren. Selbst Colette wurde niemals in die Académie Française aufgenommen.

Wenn Frauen, die als Journalistinnen arbeiten, andere Frauen noch immer »in mittleren Jahren« nennen, wie können wir es dann wagen, den Männern die Schuld daran zuzuweisen, daß es noch immer keine größeren feministischen Fortschritte gibt?

Die Herabsetzung von Frauen durch Frauen wird überall gelehrt – in der Schule, in den Jobs, im Journalismus. Frauen werden nicht mit dem Wissen geboren, wie man andere Frauen niedermacht. Es wird ihnen sorgfältig beigebracht. Sie lernen, daß es nur Platz für eine Alibifrau, einen Lehrerliebling, einen weiblichen Kapo gibt, deren Job es sein wird, die Nicht-Existenz von Diskriminierung zu zeigen. Sie hat es trotz schlechter Chancen geschafft. Sie ist da, um zu beweisen, daß es jede schaffen kann.

Erica Jong

Wie gefühlvoll doch Frauen mit Frauen umgehen, typisch das alles: Wer je gedacht hat, Frauen wüßten etwas von Solidarität, ist schwer im Irrtum, im Gegenteil, sie werfen Geschlechtsgenossinnen besonders gern den anderen zum Fraß vor, des anderen Leid die eigene Freud.

Erika Pluhar

Warum sind Frauen zu anderen Frauen so wenig großzügig? Liegt es daran, daß wir so lange Alibifrauen waren? Oder gibt es eine tiefere Animosität, die zu erforschen wir uns schuldig sind?

Erica Jong

Und selbst die kritischen Frauen schweigen oder nicken wohlwollend, denn sie halten sich vor Augen, wie schwierig die Bedingungen sind, unter denen eine Frau schreibt, und sie verwechseln milde Kritikunfähigkeit mit Solidarität.

Ingrid Strobl

»Du hast Angst vor Kritik«, sagt sie. »Aber Kritik ist ein Zeichen von Leben. Weißt du, was nicht kritisiert wird? Das Nichts! Nur die Toten entgehen der Kritik.«
»Das stimmt«, sage ich.

Erica Jong

Prolog II: Ich kann Frauen nicht ausstehen

Meine Freundinnen hier sind lieb und vertraulich, aber keine hat eigentlich geistiges Verständnis, es gleitet alles an der äußeren Wand ab, und im tiefsten Innern bin ich immer einsam. Das kann wohl vielleicht ein Mann vertragen, aber keine Frau. Ich bin recht dumm ins Leben hineingeplumpst. Alles hätte ich werden sollen, nur keine Frau.

Henriette Feuerbach

Die Frauen, die ich sehe, bringen mich ganz herunter, physisch. Meine Nerven. Sie spannen mir die Gedanken so ab. Sie sind so erstaunlich matt, beinah unklug aus Zusammenhangslosigkeit. Und nehmen die Parallele von sich zu mir so gewiß an, daß nur aus dem Zimmer laufen mich retten kann.

Rahel Varnhagen

Ich kann Frauen nicht ausstehen. Sie sind oberflächlich und dilettantisch. Pomadisierte und geschminkte Zirkustierchen. Selbst unter den Großen entgeht keine der allgemeinen Kleinlichkeit.

Claire Goll

Wenn ich mich dann prüfte und mir von dem Wechsel der Kraft und Schwäche in meinem Wesen, das heißt von den Unregelmäßigkeiten meiner durchaus weiblichen Organisation Rechenschaft ablegte, sah ich wohl, daß meine Erziehung, welche durch äußere Einflüsse von der anderer Frauen etwas verschieden gewesen war, meine Natur umgeformt hatte: meine zarten Knochen waren abgehärtet oder mein Wille, der einesteils durch Dechartres stoische Theorien, andernteils durch die christlichen Kasteiungen geübt war, hatte die Kraft erlangt, körperliche Ermattung zu besiegen. Dann fühlte ich auch, daß weder die alberne Putzsucht noch der Wunsch, allen Männern zu gefallen, meinen Sinn beherrschten; die Lehren und das Beispiel meiner Großmutter hatten mir die Verachtung dieser Dinge eingeflößt. Ich war also nicht die Frau, die die Moralisten tadeln und verhöhnen; in meiner Seele lebte Begeisterung für das Schöne, Durst nach Wahrheit. Und dennoch war ich eine Frau wie alle andern: schwächlich, reizbar, beherrscht durch die Phantasie und allen kindischen Sorgen und Rührungen der Mutterliebe unterworfen. Sollte mich dies in eine untergeordnete Stellung in der Schöpfung und in der Familie verweisen?

George Sand

Ich habe prinzipiell etwas gegen weibliche Wesen mit schrillen oder weinerlichen Stimmen.

Vicki Baum

Ich habe, seit ich erwachsen bin, einen ununterdrückbaren Widerwillen gegen jede zu nahe seelische Berührung mit Gleichgeschlechtlichen, einen Widerwillen, wie ihn andere Frauen wohl nur der körperlichen Annäherung einer Geschlechtsgenossin gegenüber spüren würden.

Gertrud Kolmar

Es war grade so wie ich es befürchtet heute, mit den Störungen, die langweiligsten, gräßlichsten, und doch unvermuteten, mich überfallenden Familienbesuche, und Frauenbesuche, ich bin ganz erstorben. *Gnädiger* Gott! dergleichen ertrag ich nicht mehr.

Rahel Varnhagen

Ich bedarf aber der männlichen Freundschaft. In den Frauen ist nicht Stahl genug, um mit mir zurechtzukommen, keine hat je auf mich gewirkt.

Johanna Kinkel

Frauen machen mich befangen. Männer waren Freunde geworden.

Hildegard Knef

Frauen in der Literatur ...

Margot Adamson

Am Sonntag kam Mrs Hamilton mit ihrer Schwester – »der Dichterin« – zum Dinner. Ich mußte fast lachen, als ich sie sah. Sie stapft, blinzelnd & zögernd, ins Zimmer, schüttelt nachhaltig die Hand & stellt ein kleines rundes blasses Gesicht zur Schau, mit Strähnen von braunem Haar, die ein festes braunes Band zurückhält. Vom Aussehen her eine Mischung von Schulmädchen & deutschem Professor; ungelenk & nervös im Verhalten; & abgerundete Sätze von sich gebend, die an sich schon absonderlich genug wären ohne die äußerst merkwürdige Emphase, mit der sie sie entläßt, als würde jemand aus den Tiefen eines Bottichs sprechen – & mit einer Stimme, die anschwillt & abfällt doch schließlich wieder anschwillt wie ein schlecht beherrschtes Musikinstrument. Trotz dieses merkwürdigen Auftretens & Aussehens, wirkte sie absolut selbstsicher & bediente sich ihres angelesenen Wissensvorrats, der sehr groß & vielseitig schien, mit größter Gelassenheit. »Wie Nietzsche sagt« oder, »Um Dostojewski zu zitieren«, oder »Nach der Meinung der Neu-Kartesianer«. – So leitete sie ihre Gesprächsbeiträge ein, ohne den richtigen Zeitpunkt abzuwarten, indem sie sich spontan vordrängte. »Was mich selbst betrifft, hege ich nicht den geringsten Zweifel über die Natur des Guten, noch habe ich jemals irgendwelche Zweifel in dieser Hinsicht gehegt« – das wurde losgefeuert, auch wenn es in der Unterhaltung um nichts dergleichen ging. Dennoch konnte man ihr nicht übel wollen, noch sie als eine besonders giftige Variante von Tugendbold abstempeln. Ich vermute, sie ist das Wunderkind der Familie, mit Büchern großgepäppelt, & hat bis jetzt in einer dunklen Höhle versteckt gelebt, bis ihre Seele, wie bei einem Geschöpf, das ohne Licht aufwächst, ein völlig weißes Aussehen bekommen hat. Sie hat den Verstand eines Albino. Was wird aus ihr werden? Ich glaube nicht, daß sie eine Dichterin ist. Ich kann sie mir als eines dieser Wunderwesen vorstellen, die ihr ganzes Leben lang höchst zufrieden in irgendeinem Bauerndorf weiterhin Wissen absorbieren & ihren Kreis haben, mit dem sie korrespondieren.

Virginia Woolf

Lou Andreas-Salomé

Das Thema, das ich behandeln sollte, lautete: *Eine kritische Betrachtung von Lou Salomés Artikel ›Vaginal und Anal‹*. Dieser Artikel war überflüssig, spekulativ, schwer verständlich und meinen eigenen psychologischen Auffassungen völlig fremd. Vielleicht rührte die Antipathie, die ich von Anfang an gegenüber dieser begabten Frau empfand, von der Mühe her, die mich ihr Aufsatz kostete.

Helene Deutsch

Hannah Arendt

Frau Arendt … läßt nur zu deutlich den Ärger darüber durchscheinen, daß sie Benjamin nicht gepachtet und vor allem seine Schriften nicht selbst auf – wie sie immerhin zugibt – vorbildliche Weise herausgegeben hat.

Hilde Spiel

Ingeborg Bachmann

Von Rom hört man wieder, in einer Vorlesung »Große Österreicher des 20. Jahrhunderts« seien Werke von Hofmannsthal, Weinheber und Ingeborg Bachmann gelesen worden. Ich halte gewiß viel vom Talent der jungen Bachmann, aber finden Sie das nicht auch ein bißchen »out of proportion«?

Hilde Spiel

Die Bachmann hat ihr Schicksal aufgegeben für eine Karriere. Mir erscheint das als schlechter Tausch.

Jeannie Ebner

Wir stehen im Vorraum des Prunksaals, als die schwere Eingangstür sich langsam öffnet. Durch sie tritt ein Page ein, mit allen Anzeichen äußerster Verlegenheit. Der Page trägt schwarze Kniehosen, weiße Strümpfe zu Schnallenschuhen, ein flatterndes weißes Hemd. Hamlet frisch aus Wittenberg. Es ist Ingeborg Bachmann, die sich, nachdem sie wenige Tage zuvor in mondänem Gewand mit römischem Goldschmuck den Großen Staatspreis für Literatur entgegengenommen hat, nun diese Verkleidung ausgesucht, aber Angst vor der eigenen Courage bekommen hat.

Hilde Spiel

Ach, die Bachmann! Das ist so feminin, so ungeheuer ergeben. Sie kommt überhaupt nicht auf die Idee, daß es auch biologische Revolte, Anarchie gibt.

Ilse Aichinger

Vicki Baum

Auch Höger will den *Sonderzug* nicht drucken, lieber ein kleines Sommerbuch, das mir vorschwebt. Im nächsten Monat stimmt er meinem Exposé zu. Doch er besteht auf einem Titel, der mich ärgert, weil er »nach Kino klingt und nach Vicki Baum«.

Hilde Spiel

Simone de Beauvoir

Dein Problem, William, ist, daß Du Dir nicht klarmachst, daß sie nicht besonders gescheit ist. Statt mit ihr zu argumentieren, solltest Du mit ihr flirten.

Hannah Arendt

Ich habe mir in New York einen Vortrag von Simone de Beauvoir angehört. Sie wischte sich unaufhörlich den Schweiß von der Stirn, so sehr nahm sie es mit, in der Öffentlichkeit zu sprechen. Sie litt an Atemnot, ihre Stimme überschlug sich. Sie bot keinen schönen

Anblick. Ich habe dabei wieder einmal festgestellt, daß ich an meinen Geschlechtsgenossinnen nichts finden kann. Sartre dagegen öffnet mir den Geist, bringt mein Gehirn zum Arbeiten.

Claire Goll

Das erstemal habe ich sie 1943/44 gesehen, da war sie fröhlich, lebhaft und jung. Sie ging durch die Straßen, mit ihren breiten Hüften wippend, mit glatt frisierten Haaren und Augen, die vor Energie und Einfällen sprühten. Und nun waren zwanzig Jahre vergangen, und ich erkannte sie nicht sofort wieder. Mit dicken steifen Fingern spielte sie an dem kaputten Schloß ihrer alten Handtasche herum, ihr nach vorn geneigtes Gesicht schien eingefallen zu sein, es war, als hätte sie keine Augen in dem verfetteten, mürrischen Gesicht mit den schweren Wangen und den verquollenen Lidern … sie sitzt mit einer anderen Frau da, die noch nicht alt ist, aber genauso zerstreut und müde wirkt wie Simone. Beide schweigen. Die dicken Finger bewegen sich, versuchen immer noch, das Schloß einschnappen zu lassen. Fest umspannt das dunkle, hochgeschlossene Kleid ihren schweren Körper. Ich schaue sie lange an; sie hebt die Augen nicht, nur ihre Augenlider und ihre Wangen sind zu sehen … Als ich kam, waren sie schon fertig mit dem Essen. Als ich ging, saßen sie immer noch da. Vielleicht warten sie auf Godot?

Nina Berberova

Luise von Bornstedt

Der Bornstedt ihre Schreiberei bedeutet nicht viel, doch verdirbt sie keinen Stoff ganz, ist in alle Sättel gerecht, und liefert, wie die Verleger es verlangen, bald eine Erzählung, bald einen Operntext, Gedichte, Heiligenlegenden, aber immer anonym, und hat schon viel Geld damit verdient. Du hast wahrscheinlich schon was von ihr gelesen, ohne es zu wissen, denn sie paradiert fast in allen Taschenbüchern und Journalen. Sie ist Berlinerin, Konvertitin und erinnert mich hundertmal an Tante Dorly, obwohl sie zehnmal mehr Verstand und hundertmal mehr Geist hat. Sie hat mich zu ihrer Herzensfreundin erwählt, ich mag sie aber nicht besonders.

Annette von Droste-Hülshoff

Kay Boyle

Wir trafen uns an einem Montagabend; ich machte eine Bemerkung darüber, wie passend das sei. Mit Menschen, die mir kein herzliches Entgegenkommen zeigen, finde ich mich immer schwer zurecht. Ich brauche ein Zeichen, eine gewisse Aufforderung. Kays Gesicht war ausdruckslos, maskenhaft. Sie hat ein scharfes Profil. Was sie sagte, war glatt und unpersönlich. Wir vermochten keinen Kontakt herzustellen.
Jetzt, in New York, erschien sie mir womöglich noch unpersönlicher, geradezu wie eine Engländerin. Ich sah sie auf einer Einladung, die zur Feier ihres Buchs stattfand. Das gleiche Vogelprofil, Worte ohne Erinnerungswert, kein Ausdruck des Wiedererkennens. Manche Leute kommen uns wie ausgeschnittene Papierpuppen, eindimensional und stimmlos vor, lediglich weil sie uns

ausdruckslos ansehen, weil ihre Augen nichts vermitteln, nicht einmal die Reflexion des Spiegels, und weil wir uns deshalb wie Anonymi fühlen.

Anaïs Nin

Ada Christen

Abends bei Sephine um Ada Christen kennen zu lernen. Nun: Sie will um jeden Preis interessant sein. Wäre sie mager, sie würde sagen sie leide an der Auszehrung, da sie unförmig dick ist, sagt sie, sie leide an Schlaganfällen. Sie ist bemüht sich eine 2^{t} Unschuld zu schaffen indem sie – vermutlich nur in guter Gesellschaft, von ihrem ehelichen Glücke spricht. Talent ist Glück, aber: *nur* Glück.

Marie von Ebner-Eschenbach

Colette

Sie zog mich in Richtung der Colette, die von Männern umringt war und uns ostentativ übersah. Georgette berührte ihre Schulter.
»Colette, erlaube mir, dir eine große Dichterin vorzustellen: Claire Goll.«
Colette sah mich von oben herab an; dann zuckte sie die Achseln.
»Große Dichterin? Eine Frau? Das gibt es nicht.«
Ich war starr über diese lässig hingeworfene Bosheit.
»Alles nur Dirnen!« schrie ich, den Tränen nahe.
»Reg' dich nicht auf«, begütigte Georgette, »zu Mädchen ist sie immer so gemein.«

Claire Goll

Ivy Compton-Burnett

There is something bleached out about Miss Compton-Burnett: like her hair that has never had any colour in it.

Virginia Woolf

Helene Druskowitz

Sehr blass, sehr eingefallene Wangen, nervöser denn je. Ich glaube, daß sie ihr Selbstvertrauen nur künstlich erhält. Es ist ja kaum möglich, sich weiß zu machen, daß ihre Stücke gut sind. Sie sollte noch etwas für den Dialog thun, sagte ich. Gerade der wird am meisten gelobt, sagte sie.

Marie von Ebner-Eschenbach

Hel[ene] Drusk[owitz] antwortete heute auf meine Ablehnung mit groben Beschimpfungen. Ich solle mir nicht einbilden von den Besten gekannt und geschätzt zu sein weil einige Judenzeitungen mich zufällig gefeiert haben, u.s.w. Armer Teufel. Ich überlege mir gut wie ich ihr antworten soll. Will ihr sagen, daß es überflüssig ist, mich zur Bescheidenheit zu ermahnen und daß ich ihr letztes Stück gern im Manuscript gelesen hätte, wenn ich nicht wüßte, daß sie mich in dem Augenblick in dem ich ihr eine Ausstellung mache, für ihre Feindin ansieht.

Marie von Ebner-Eschenbach

Patricia Highsmith

Ich stelle indessen fest, daß mich von den Romanen dieser Schriftstellerin nur diejenigen fesseln, in denen ein Mord begangen wird; im anderen Fall erscheint die Psychologie ihrer Helden mir konventionell und verliert damit für mich an Interesse. Ich finde mich mit ihren Unzulänglichkeiten nur ab, wenn eine wirkliche Spannung entsteht.

Simone de Beauvoir

Elfriede Jelinek

Ist die Person des Autors, wenn pro Woche drei Interviews erscheinen, in einem solchen Ausmaß reproduzierbar geworden, gilt nur mehr das leere Abstraktionsniveau der Antworten, die Jelinek noch auf die dümmste Frage gibt ... So ist zuallererst Reproduzierbarkeit ein Paradigma ihrer Selbstinszenierung. Bilder, Biographie und Gesicht will sie geglättet, geliftet und synthetisiert. Sie optiert dabei für ein Kunstprodukt, dem man geradezu parthenogenetische Züge nachsagen könnte ... Daß jedoch diese unvollendete Hingabe an die Pose ausgerechnet der Zeitschrift *Stern* zugute kommt, gegen deren frauenfeindliche Bilderpolitik Elfriede Jelinek 1978 ins Feld geschritten war, daß der Widerwille, sich der Nation als gefesselte Domina zu präsentieren, als ein nur psychischer erscheint, stellt Probleme, die sich weder im Zeichen der Ambivalenz noch unter dem Stichwort des »großen Widerspruchs« abtun lassen.

Juliane Vogel

Warum hat sie es nötig, vor sich und anderen Theater zu spielen? Sie inszeniert das nicht überzeugend. Auch in ihrer Kunst nicht. Wenn sie Stücke schreibt. Es wird ihr die affektierte Form abgenommen, wie allen, die Geist haben. Sie beißt aus gutem Hinterhalt ... Jelineks Art zu leben und zu schreiben ist voyeuristisch, wie auch bei allen sado-masochistisch Angehauchten ... Die Hypothese oder die Vorstellung, sie wäre androgyn, ist bequem und kühn zugleich. Das Männliche an ihr nehme ich ihr nicht ab. Sie kommt mir vor wie ein verschrecktes, verbocktes Mädchen, das alleine an ihrem Rachefeldzug gegen die Welt strickt.

Dorothea Zeemann

Eine wächserne Puppe? Eine spiegelglatte Marmormaske? Tot oder lebendig? Wir übersehen nicht den mokanten Zug um den Mund, notieren den obligaten Hauch weltverabscheuenden Degouts, beachten das perfekt aufgetragene Make-up mit seinem dezenten Stich ins Apokalyptische. Blickt uns am Ende nur die theatralisch arrangierte Original-Leichenbittermiene der Autorin entgegen? Jedenfalls, wir erkennen es auf Anhieb, ist es das Köpfchen der extravaganten Elfriede Jelinek ... Die obsessive Selbstinszeniererin zählt zu den meistbeachteten deutschsprachigen Autorinnen und Autoren der Gegenwart. Mit jedem Buch durchläuft sie eine tiefe Metamorphose, wechselt die Ganzkörpermaske und präsentiert sich der Öffentlichkeit nach getaner Arbeit immer wieder anders – kunstvoll ihrem literarischen Gegenstand angemessen.

Pia Reinacher

Annette Kolb

Sie hat die Allüren einer Grande-Dame. Eine lange, hagere, vornehme Gestalt. Ein knochiges, wie von einem Holzschnitzer des Mittelalters geformtes, ungewöhnliches und kühnes Gesicht! Dabei eine legere Art, die vorgeschriebene gesellschaftliche Riten verachtet.

Bertha Zuckerkandl

Die steinalte Annette Kolb reicht ihre harte Hand – sie sieht bekanntermaßen wie Otto Gebühr aus –, und ich hoffe nur, daß meine Nase doch nicht ganz so groß ist wie ihre, selbst um den Preis, nicht ganz so berühmt zu werden wie sie. Obwohl? Ich muß mich ernstlich fragen, ob man eine Freundin Rilkes sein muß, um zur Geltung zu kommen? Ich nehme mir vor, ihre Bücher zu lesen. Ich bin eifersüchtig auf die Uralte.

Dorothea Zeemann

Euphemie Kudriaffsky

Was ist doch die Schriftstellerei für ein gefährlich Ding! Euphemie ist intolerant u. eingebildet geworden seitdem sie sich damit befaßt. Spricht nur noch von sich und von ihren armen Erfolgen. Ich nehme mir ein Beispiel daran – ein abschreckendes!

Marie von Ebner-Eschenbach

Else Lasker-Schüler

Zwei Mal schon hat er mich mit ihr verglichen: »Ihr seid beide Kind-Frauen. Übrigens, alle Frauen sind Kinder.« Das zweite Mal brauste ich auf. Ich bin so grundverschieden von ihr. Schon allein ihr zänkischer Charakter. Noch hör ich sie keifen an unsrem Tisch im Kaffee in Zürich, vor Leonhard Frank. Mit welch boshafter Eifersucht sie mich, die Jüngere, angriff weil Du ihr gefielst. Und wie freute sie sich meiner Thränen! Ich, die ich gern schenke, bedaure noch immer das schwarze Empire Emaillearmband mit den Perlen, das Du mich batest ihr zu offerieren, nachdem sie zu uns in die Hadlaubstraße gelaufen kam um sich zu entschuldigen.

Claire Goll

Im Terrassen-Café fanden wir meist, umgeben von einem bewundernden Hofstaat, Else Lasker-Schüler vor, die mit Bonbons spielte. Sie hatte immer welche bei sich, in allen Farben und Formen, in knisterndes Zellophan oder Silberpapier gewickelt. Sie kramte sie aus ihrer Tasche, dem Kleid, dem Ausschnitt, schichtete sie auf dem Tisch zu Pyramiden auf oder benutzte sie als Dominosteine. Sie zahlte sogar mit diesen Süßigkeiten, und die Kellner machten den Zirkus mit, denn ihr Ruf als Exzentrikerin hatte sich bis zum letzten Piccolo herumgesprochen. Ihr verzieh man alles. Sie war damals die größte deutsche Dichterin, und niemand wagte es, ihr etwas abzuschlagen.
Sie maßte sich jedes Recht an, als erstes die Verfügungsgewalt über jeden Mann, der in ihre Nähe kam.

Claire Goll

Da ist die ziemlich ausgeflippte, nicht minder geniale Else Lasker-Schüler, die von einem Café ins nächste streunte. Die allen auf die Nerven ging, die kaum einer verstand, die sich mit allen verkrachte.

Ingrid Strobl

Bei ihr traf ich eines Tages Else Lasker-Schüler, die mir, rabenhaft, windschief, zerzaust, seltsam gewandet und behängt, wie einem Gedicht von Ringelnatz entstiegen schien.

Hilde Spiel

Ein alt gewordenes Sterntalerkind, das die Hände aufhält, gefüllt bekommt und wieder leert.

Christine Brückner

Christine Lavant

Die Dichterin Christine Lavant in einem knöchellangen, bedruckten Barchentkleid, eingemummt in ein Kopftuch aus dem gleichen Stoff, das ihre bäuerliche Herkunft noch demonstrativer betont. Zwei Jahre später wird auch sie den Großen Staatspreis erhalten. Thomas Bernhard nie.

Hilde Spiel

Frieda Lawrence

F. lügt ja auch dermaßen. Nach außen ist sie ganz reizend zu mir. Sie hat mir immer Blumen gebracht, mir gesagt, wie »exquisit« ich sei – wie meine Kleider mir stünden – daß ich noch nie so »wirklich schön« gewesen sei. Äh! Wie demütigend! Dem Himmel sei Dank, es ist vorbei. Ich muß der wahre Feind einer solchen Person sein. Und was am schwierigsten zu ertragen ist, das ist Lawrences »Armesündermiene«. Er ist so vollkommen in ihrer Gewalt, und dennoch bin ich mir sicher, daß er seine Sklaverei im Herzen verabscheut.

Katherine Mansfield

Rosamond Lehmann

I've read your book, oh yes, I've read your book, and I've decided that one of us cannot be a woman.

Ivy Compton-Burnett

Katherine Mansfield

Er erklärte Katherine Mansfields Seele, keineswegs zu ihrem Vorteil. Ihre Lügen & Posen sind ihm zu viel geworden, dazu findet er bei ihr nicht viel mehr als eine geringe schriftstellerische Begabung. Ich weiß aber nicht, ob dieses Letztere mir angenehm ist, obwohl es klingt, als schriebe ich es deshalb hin.

Virginia Woolf (Januar 1918)

K. M. hat eine Rezension geschrieben, die mich geärgert hat – ich meine, Gehässigkeit darin zu spüren. Sie beschreibt mich als einen gezierten ältlichen Langweiler; eine auf Vordermann gebrachte Jane Austen. Leonhard vermutet, daß ihr Wunsch, ich würde einen Mißerfolg haben, ihr die Feder geführt hat. Er sieht sie geradezu nach einem Schlupfloch für sich Ausschau halten. »Ich werde dies kein gelungenes Werk nennen – wenn es aber sein muß, werde ich es ein auf falsche Art gelungenes nennen.« Ich brauche meine Milde jetzt nicht so großzügig walten zu lassen, da Murry mir gesagt hat, sie sei nahezu geheilt.

Virginia Woolf (November 1919)

Außerdem bekomme ich fürchterliche Zuckungen, wenn ich die Lobeshymnen über K. M. im Athenaeum lese. Vier Dichter wurden ausgewählt; sie ist darunter. Natürlich trifft Murry die Wahl & es ist Sullivan, der ihre Erzählung als genial einstuft.

Virginia Woolf (April 1920)

Mir fiel auf, daß sie die Art einer Katze hat: fremd, gelassen, immer allein & wachsam.

Virginia Woolf (Mai 1920)

Ich war froh zu hören, daß K. neulich abend heruntergemacht wurde. Und warum? Teils weil ich das undeutliche Gefühl habe, daß sie Reklame für sich macht; oder Murry sie für sie macht; & außerdem sind ihre Erzählungen im Athenaeum wirklich schlecht; doch im Grunde meines Herzens muß ich sie für gut halten, da ich mich freue, wenn man sie heruntermacht.

Virginia Woolf (Dezember 1920)

Was macht es also schon, wenn K. M. in den Zeitungen hoch oben rangiert & schwindelnd hohe Verkaufsziffern erreicht? Ah, ich habe eine schöne Möglichkeit gefunden, um sie in ihre Schranken zu weisen. Je mehr Lob sie bekommt, desto überzeugter bin ich, daß sie schlecht ist. Schließlich ist etwas Wahres daran. Sie trifft den springenden Punkt auf eine zu allgemeingültige Art, als daß dieser Punkt wirklich von blauestem Blut sein kann.

Virginia Woolf (März 1922)

Mir kommen Gedanken zu Katherine Mansfield – wie gewöhnlich ziemlich verwerflicher Art – erst mein Wunsch, sie könnte die Southhampton Row sehen, der Gedanke an ihren langwierigen Tod, wie sie dalag in Fontainebleau – ein Ende, das kein Ende nahm, & dann der Gedanke, ja, wenn sie überlebt hätte, hätte sie weitergeschrieben, & man hätte gesehen, daß ich die Begabtere bin – das wäre nur immer offensichtlicher geworden. Das glaube ich tatsächlich. So stelle ich sie mir ab & zu vor – dieses seltsame Gespenst, mit den weit auseinanderstehenden Augen & dem verzerrten Mund, das sich durchs Zimmer schleppt.

Virginia Woolf (Oktober 1924)

Carson McCullers

Carson trat hinzu. George hatte mir gesagt, daß sie mich kennenlernen wollte. Ich sah ein Mädchen vor mir, so hochgewachsen und schlacksig, daß ich sie zunächst für einen Jungen hielt. Ihr Haar war kurz geschnitten, sie trug eine Radfahrermütze, Tennisschuhe, Hosen. Sie drängte wie ein Stier mit gesenktem Haupt durch unsere Gruppe, sah keinen an, sprach kein Wort. Ich war durch ihre Stummheit und dadurch, daß sie mich nicht einmal ansah, so sehr aus der Fassung gebracht, daß ich nicht einmal den

Versuch machte, mit ihr zu sprechen. Ich hatte allerdings das Gefühl, daß ›Reflections in a Golden Eye‹ D. H. Lawrence viel verdankt und über Gebühr gelobt worden ist, doch in Anbetracht ihrer Jugend ist es eine große Leistung.

Anaïs Nin

Anaïs Nin

Ebenfalls mit gemischten Gefühlen habe ich die Tagebücher von Anaïs Nin gelesen. Gewisse Abschnitte haben mich gefangengenommen, so wenn sie von Miller und seiner Frau June spricht, wenn sie Artaud noch einmal heraufbeschwört und nicht ohne Scharfsinn Leute beschreibt, denen ich selbst begegnet bin, wenn sie sich ehrlich bemüht, sich selbst in ihrer Vergangenheit wiederzuerkennen. Dann aber läßt sie sich plötzlich von einem elenden Scharlatan, den ich auch gut kannte, gefangennehmen. Da hört bei mir jedes Verständnis für sie auf. Peinlich berührt mich ihr Ästhetizismus, ihr Narzißmus, die Enge der Welt, die sie sich künstlich erschafft, die Überbetonung des Mythischen und ihre Besessenheit von der Astrologie. Gegen ihre Auffassung von der Rolle der Frau sträubt sich alles in mir. Während der ganzen Lektüre habe ich zwischen Zustimmung und Mißtrauen geschwankt.

Simone de Beauvoir

Anna Mathieu de Noailles

Das Zimmer war fast dunkel und ich konnte nichts sehen. Nur langsam gewöhnten sich meine Augen daran. An den Wänden hingen schwarze Samtvorhänge. Zwei Kerzen brannten rechts und links vor einem Katafalk, der das Bett der Dichterin war. Dann fiel mein Blick auf ihr Gesicht. Ein Schrei blieb mir im Halse stecken. Sie war stark geschminkt, weißer Teint, schwarze Augen, roter Mund. Sie sah aus wie der Tod persönlich. Das Flackern der Kerzen unterstrich diesen Eindruck noch. Innerlich schrie ich auf. Nie würde ich so aussehen! Nie würde ich in einem solchen Zimmer schlafen, nie mich lebendig eingraben! Jedoch Madame de Noailles war weit davon entfernt, lebendig begraben zu sein. Ihre Posen und ihr Manierismus paßten perfekt zu ihrer nostalgischen Poesie und ihrem ultraromantischen Aussehen.

Maria Ley Piscator

Dorothy Norman

Dorothy Norman ist eine intellektuelle, aber menschlich kalte Frau. Sie lebt nach einem strengen Plan. Durch eine Bemerkung verletzte sie mich tief. Sie sagte: »Europa ist dekadent. Sie sind gewiß glücklich, sich in einem gesunden Land zu befinden.«
»Was Sie dekadent nennen«, antwortete ich, »ist der Mut, sich auf die Erfahrung des Lebens in seiner Totalität einzulassen.«

Anaïs Nin

Luise hat sich mit Dorothy Norman überworfen. Dorothy fragte mich: »Luise behauptet, ich sei hart. Glauben Sie das auch?«
»Es ist wahr, daß Sie nicht aus dem Gefühl leben, wie Luise und ich. Es ist wahr, daß Ihr Leben vom Verstand beherrscht wird. Sie würden niemals eine geschäft-

liche Verabredung fahren lassen, um Luise in einer schwierigen Lage zu trösten. Sie würden nicht mit ihr spazierengehen, wenn Sie müde wären. Sie braucht solche Freundschaftsbeweise.«
Dorothy hat kein Einfühlungsvermögen. Luise und ich gestatten einer Freundschaft oder einer Liebe, uns völlig zu besitzen, unser Leben zu regieren, und den Notrufen der anderen muß sogleich Folge geleistet werden. Wenn ich zu Dorothy sagte: »Ich muß Sie sprechen. Ich brauche Sie«, würde sie ruhig antworten: »Lassen Sie mich in meinem Terminkalender nachsehen. Wie wäre es mit heute in einer Woche?«
Sie lebt im Schutze ihres Reichtums nach strengen Konventionen.

Anaïs Nin

Betty Paoli

B. Paoli hat uns heute als Gänse behandelt, war ungnädig.

Marie von Ebner-Eschenbach

Leider habe ich die Thorheit gehabt B. Paoli einige Gedichte vorzulesen. Wie recht hatte Ida mir davon abzuraten – es war peinigend – unfreundlicher als sie sich zeigte ist's unmöglich zu sein.

Marie von Ebner-Eschenbach

Sephine, Irene u. Ida besuchten mich. Die letztere verschweigt mir Betty Paolis Entrüstung über die *Großmutter,* aber ich bemerke es gut. Ueber das Mährchen hat sie Verderben geschrieen, von *Männertreue* gesagt, es wäre nur gut wenn niemand erführe daß eine Frau es geschrieben habe … Sie ist mir was Speidel dem armen Weilen. Nur noch ein Jahr, u. ich mache mir gar nichts mehr daraus. Denke nur wie viel Gutes mir aus dem Umgang mit ihr erwächst.

Marie von Ebner-Eschenbach

Hertha Pauli

Sie schreibt nicht gut, so »gushingly«, aber es geht ja in diesem Fall um sehr persönliche Berichte, die »inside stories« mitteilen … Daß Mehring ein besserer Autor als die Pauli ist, wird sie vielleicht selber zugeben.

Hilde Spiel

Sylvia Plath

Du bist unzeitgemäß wie die Lorelei. Die neue Frauengeneration, auf die wir gehofft haben, ist herangewachsen, sie sagt, hab dich nicht so, sei flexibel, wegen ein bißchen Doppelbelastung steckt man nicht gleich den Kopf in den Ofen.

Anna Mitgutsch

George Sand

Weiterhin respektiere ich noch ihre Energie und ihre Arbeitskraft. Widerwärtig aber ist mir die Tugendmaske, die sie sich vorzubinden liebt. Sich Liebhaber zu leisten, sie zu betrügen, ihnen etwas vorzulügen –

warum nicht? Aber man muß dann nicht auf seine Wahrheitsliebe pochen, sich über Verleumdung beklagen und sich als Heilige gebärden. Allen ihren Liebhabern gegenüber betont sie ihre ›mütterlichen‹ Gefühle; wenn sie mit Pagello schläft, behauptet sie, er und sie würden in Zukunft Musset lieben wie »ihr eigenes Kind«. Dabei war Mutterschaft nicht eben ihre Stärke: sie hat es so weit kommen lassen, daß ihre Tochter sie verabscheute, weil sie sie als Kind nur demütigte, indem sie sie »meine Dicke« nannte und sie als Dummerchen behandelte, ihr durch ihre pedantischen Predigten jedoch jeden Elan nahm und ihr nur eine ›bedingte‹ Liebe entgegenbrachte, was alle Kinder verstört, für die die Sicherheit des Herzens eine so absolute Notwendigkeit ist. Mit dreißig Jahren spielt sie bereits die vom Leben zermalmte Frau, die sich vorbehaltlos aufopfert, während sie in Wirklichkeit ihre gesamte Umgebung beherrscht. Was ich ihr am wenigsten verzeihe ist die systematische Fälschung der Stimme ihres Innern, durch die sie ihr jeweiliges Verhalten zu einem erbaulichen Beispiel aufzuschönen versteht. Hier tritt bei ihr eine so grundlegende Verlogenheit zutage, daß mir sogar die Haltung verdächtig ist, zu der sie sich 1848 bekennt.

Simone de Beauvoir

Edith Sitwell

Der Erfolg hat sie verwöhnt. Sie ist unmöglich geworden: eine Mischung aus der heiligen Jungfrau Maria und Königin Elisabeth.

Ivy Compton-Burnett

Edith Sitwell ist eine sehr großgewachsene junge Frau, auf deren Gesicht ein Ausdruck ständiger Bestürztheit liegt, & sonderbar gekrönt mit einem hochragenden grünseidenen Kopfschmuck, der ihr Haar verbirgt, so daß man nicht weiß, ob sie welches hat.

Virginia Woolf

Rebecca West

Es gab hochmütige Mitglieder in dieser Familie, einige boshafte wie Rebecca West, aber auch bescheidene.

Hilde Spiel

Virginia Woolf

She is a bit malicious, you know – she'd say the most dreadfil things about people. Of course, one does oneself. But one doesn't expect it of Virginia Woolf.

Ivy Compton-Burnett

Aber wenn Virginia Woolf über einen kleinen mechanischen Apparat kichert, mit dem sich »Jungfrauen erleichtern« können, dann finde ich das gräßlich & abscheulich & schäme mich dafür!

Katherine Mansfield

Es stimmt, sie hat zwei berühmte Bücher geschrieben, und das sind Leitbücher für die heutige Emanzipationsbewegung. Sie selbst hat aber diese Haltung nicht einnehmen können. Sie war mit Recht dafür, daß

Frauen die gleiche Erziehung genießen, die gleichen Rechte haben sollen wie Männer, aber sie wäre verloren gewesen ohne ihren Mann. Diese schwache Frau war stark nur mit Hilfe ihres Mannes, der immer an ihrer Seite war, auf den sie immer zurückgreifen konnte, wenn sie sich verlassen, unterschätzt oder gekränkt fühlte.
Die alten Suffragetten gab es schon im vorigen Jahrhundert; Virginia Woolf war sicher eine Vorgängerin dieser neuen Welle der Frauenemanzipation. Trotzdem hat ihr eigenes Leben die Notwendigkeit bewiesen, einen männlichen Gefährten an der Seite zu haben.

Hilde Spiel

Marina Zwetajewa

Sie erlag der alten dekadenten Versuchung, sich ihr Ich selbst auszudenken: als verunstalteter Dichter, der nicht anerkannt und verstanden wird, als Mutter ihrer Kinder und Frau ihres Mannes, als Geliebte eines jungen Epheben, als Mensch einer sagenhaften Vergangenheit, als Barde, der den Untergang seiner Armee besingt, als Schülerin und guter Kamerad, als leidenschaftliche Freundin. Aus diesen und anderen »Bildern der Persönlichkeit« hat sie Verse gemacht – große Gedichte unserer Zeit. Aber sie hatte keine Selbstkontrolle über sich, hatte ihr Innenleben nicht geordnet, kannte sich nicht und kultivierte diese Unkenntnis. Sie war schutzlos, leichtsinnig und unglücklich, umgeben von ihrem »Nest« und ihrer Einsamkeit: Sie fand etwas, verlor es wieder und irrte ohne Ende.

Nina Berberova

... und auf diversen Bühnen

Maria Callas

Natürlich genoß Maria die Rolle der gebietenden Diva in vollen Zügen. »Nach ihrem Bühnenauftritt«, erzählte mir Valeria, »gab sie jeweils noch einen zweiten Auftritt in ihrer Künstlergarderobe. Bequem auf ein Sofa zurückgelehnt, empfing sie dort ihre Fans. Schnell gewöhnte sie sich daran, daß sie abgöttisch verehrt wurde – auch wenn sie die allzu devoten Fans verabscheute. Es gab eine Gruppe von Fans, die sie überallhin begleiteten. Um sich ihre Anbeter zumindest etwas auf Distanz zu halten, betraute sie Maria mit gewissen Aufgaben, so daß sich diese privilegiert vorkamen. Wenn sie sich dann doch zu possessiv gebärdeten, reagierte sie um so kühler und indifferent. Dieses Spiel beherrschte die Callas wie kaum eine andere!

Nadja Stancioff

Hillary Clinton

Es war wirklich demoralisierend für Frauen zu verfolgen, was während der Kampagne mit ihr gemacht wurde. Wie man von ihr verlangte, sich klein zu machen, sich zur plätzchenbackenden Hausfrau zu degradieren.

Susan Faludi

Hillary Clinton ... Autark, tüchtig, erfolgreich, macht sich mittlerweile öffentlich klein, um den Schein der Frau-an-seiner-Seite zu wahren ... Hillary Clinton ist nun so etwas wie eine Neue Frau ad usum Delphini. Für aufgeschlossene Männer gewissermaßen eine stachelfreie Feminismus-Ausgabe zur allmählichen Gewöhnung: stark, klug, schön, reich, aber immer haarscharf an der Grenze des Verkraftbaren für Männer *und* Frauen.

Christel Dormagen

Helene von Damm

Helene von Damm kann dabei als abschreckendes Beispiel dienen. Zuerst galt sie als die personifizierte weibliche success story, arbeitete sich nur durch Einsatz und Können vom unbedeutenden Kleinstadtmädchen zur wichtigsten Frau im Weißen Haus hoch. Dann gab sie alles auf, aus Liebe: aus einer Liebe, die nicht einmal ein ganzes Jahr hielt ... Was für ein abenteuerlicher Gedanke, was für eine verrückte Idee, nur noch »Frau Gürtler« sein zu wollen: auch hierin erblickt Helene offensichtlich eine Liebesprobe bzw. einen Liebesbeweis. Um zu beweisen, wie stark ihre Liebe ist, wie sehr sie dazu entschlossen ist, ihrer Ehe die Priorität einzuräumen, »schenkt« sie ihrem Mann ihre bisherige Existenz und ihren Status, um als unbedeutendes kleines Nichts in die Beziehung einzutreten.

Cheryl Benard und Edit Schlaffer

Tilla Durieux

Diese Durieux, diese Schlange, wollte, daß ich eine alte Amme spiele. Aber Gott ließ den Krieg kommen und vereitelte den Plan!

Adele Sandrock

Duse

Die Duse war zu einem kurzen Gastspiel nach Christiania unterwegs. Vor Spannung zitternd, sahen wir der Ankunft der Göttlichen entgegen.
Leider sah ich sie zuerst als »Hedda Gabler«. Eine für sie weniger geeignete Rolle kann ich mir kaum vorstellen. Dazu kam ihr fast erschreckendes Äußere, das völlig im Gegensatz zu dem stand, was ich mir nach den Fotografien vorgestellt hatte. Eine kleine, breitschultrige, gedrungene Gestalt bewegte sich mit auffallend langen Schritten. Das Gesicht war kupferrot, möglicherweise vor Nervosität; die Duse schminkte sich bekanntlich nie, was in diesem Fall kein Vorteil war. Eine rote Perücke und ein leuchtend violettes Kleid stachen mehr als unangenehm gegen das rote Gesicht ab. Dies alles wäre vielleicht gleichgültig gewesen, hätte ich die Sprache verstanden. So richtete ich mein Augenmerk auf die berühmten Bewegungen ihrer Hände und den Ausdruck ihres Gesichts. Ich muß gestehen, daß ich nichts dabei erlebte … In »La Gioconda« offenbarte sich ein Teil jener Schönheit, jener tragischen Tiefe und Süße, die die ganze Welt dazu gebracht hatte, vor ihr auf die Knie zu fallen. Aber ihr Spiel war von etwas Müdem und Gewohnheitsmäßigem überschattet, so daß man mit der Duse Mitleid empfand, aber nicht mit Silvia Settala. Lugné Poe, ihr

Manager, berichtete dann auch, daß sie wegen des ausgebliebenen Besuchs in schlechter Stimmung war und sich nur mühsam durch die Vorstellung kämpfen konnte. Arme Duse! Eine Welt lag ihr zu Füßen, aber in der reichlich provinziellen Hauptstadt des Nordens mußte sie sich durch eine Sondervorstellung quälen, um das Reisegeld für ihr Ensemble zu beschaffen.

Asta Nielsen

Valie Export

Den Ablösungsprozeß vom Mann, den die Filmfiguren durchmachen, müßte Valie Export auf künstlerischem Gebiet wahrscheinlich auch vollziehen. Als Vollstrekkerin der Drehbücher von Peter Weibel läuft sie Gefahr, sich in einem Stil festzufahren, der ungemein geschwätzig ist und sich um klare Aussagen drückt.

Ulrike Steiner

Jetzt sitzt die Avantgardistin, die noch immer aussieht wie eine biedere Hausfrau, in ihrem eigenen Filmproduktionsbüro zwischen Bauchtrimmer und Hanteln im kreativen Chaos und liebäugelt mit dem Kommerz: So ist es kein Zufall, daß der Psychothriller, den sie gerade in Wien und Hamburg dreht, den verheißungsvollen Titel »Die Praxis der Liebe« trägt.

Sibylle Fritsch

Dennoch bleibt ihr Film eine Konstruktion. So stark er sich am Zeitgeist orientiert, so wenig glückt es ihm, seine Figuren mit Leben zu füllen. Auf der Leinwand leidet und kränkelt unsere Zeit, während die Akteure schöne, aber psychologisch undurchsichtige Bilder bleiben, zu deren Schicksal der Zuschauer kaum Bezug findet.

Christa Kroha

Ruth Fischer (Elfriede Friedländer)

Einmal gingen wir zu Elfriede Friedländer, die zwar sehr gescheit, aber so unsympathisch war, daß ich auf dem Heimweg zu Kaus sagte, ich würde niemals einer Partei angehören, deren Führerin sie sei. Zum Glück hatte sie ihm ebenso mißfallen, so daß es zu keinem Streit kam … Ich flog wieder einmal von New York zurück, Freund Torberg brachte mich zum Airport und kaufte mir als Reiselektüre ein paar Zeitungen. Es war gegen zehn Uhr nachts, die Lichter erloschen bald, ich schaltete die kleine Lampe über meinem Sitz ein, und begann die Zeitungen zu lesen – nicht sehr aufmerksam, bis mein Blick auf den Namen Hanns Eisler fiel. Es war ein ausführlicher Artikel, in dem von verschiedenen inzwischen verbotenen kommunistischen Betätigungen Hanns Eislers die Rede war. Ein vernichtender Artikel mit vielen Details aus Eislers Leben, und ich las ihn fast zu Ende, ehe mir einfiel, nachzusehen, von wem er sei. Er war von einer Ruth Fischer – das war das Pseudonym jener Elfriede Friedländer, die mir seinerzeit so unsympathisch gewesen war, daß ich es abgelehnt hatte, mit ihr in derselben Partei zu sein. Ihr danke ich es, daß ich niemals auch nur vorübergehend eine Parteikommunistin geworden bin. Sie war Hanns Eislers Schwester. Wahrscheinlich erhielt sie von dieser bürgerlichen Zeitung ein hohes Honorar für ihren Artikel.

Gina Kaus

Greta Garbo

Der Garbo gönne ich diese Rolle [Die Kameliendame]. Du weißt, wie ich sie gespielt habe. So wird sie niemand wieder spielen. Aber die Garbo ist schön, die braucht nicht spielen zu können.

Adele Sandrock

Pepi Glöckner

Leopold Kramer, der im »Volkstheater« den Prinzen Karl Heinz gab, war damals mit Pepi Glöckner befreundet. Einer reschen, feschen, sehr ehrgeizigen Kollegin, die später eine der beliebtesten Volksschauspielerinnen Wiens geworden ist. Eines Abends hatte er mich nach der Vorstellung heimbegleitet und gefragt: »Glaubst du, ich soll die Pepi heiraten?«

»Also, wenn du *so* fragst, dann laß es lieber sein!« hatte ich ihm zur Antwort gegeben.

Möglich, daß er ihr das erzählte und sie sich darüber geärgert hat. Möglich, daß sie aber auch nur auf meine Rolle spitzte. Eines Tages erfuhr ich jedenfalls, daß sie im Kollegenkreis erklärt hatte: »Der Rosi werd' ich's schon noch anz'widern. Wer weiß, ob sie in der Premiere die Käthie spielen kann!«

Tatsächlich begann sie schon kurze Zeit später ihre Zermürbungstaktik in Anwendung zu bringen. Sie kam in die Probe, setzte sich in die erste Parkettreihe und ließ immer dann, wenn ich Wienerisch zu reden hatte, ihr aufreizendes Lachen hören. Auch sparte sie nicht mit höhnischen Bemerkungen über meine »deutsche« Aussprache. Zwei- oder dreimal ließ ich mir das stillschweigend gefallen und tat so, als bemerkte ich nicht, daß *ich* das Ziel ihrer Bosheit war. Aber auf die Dauer hielt ich das nervlich nicht durch.

»Entweder das Fräulein Glöckner bekommt Hausverbot, oder ich gebe die Rolle zurück!« erklärte ich in der Direktion. Wilhelm Meyer-Förster, der gerade mit Direktor Bukovics eine Unterredung hatte, stellte sich sofort auf meine Seite. »Wenn Frau Albach-Retty nicht spielt, ziehe ich das Stück zurück!« erklärte er.
Pepi Glöckner durfte danach nicht mehr zu den Proben kommen.

Rosa Albach-Retty

Magda Goebbels

An jenem Abend im Schloß wurde ich ihm und seiner Frau vorgestellt. Magda, in blondem Haar und schwarzem Samt, plauderte eine kleine Weile mit mir. Daß ich in Tirol daheim war, schien sie zu interessieren, sie fragte mich nach Sommerfrischen aus. Auch sie machte den Eindruck eines ganz künstlichen, eines zerstörten Menschen, ein Mannequin ihres Mannes, ein Mannequin der Macht, eine Marionette der Lüge. Auf gespenstische Weise schienen mir die beiden gleichgeschaltet, aber diese Gleichschaltung deutete nicht auf Ergänzung hin, im Gegenteil. Als ich wegging von ihrem Tisch, hatte ich nur einen Gedanken: Wie sehr müssen die beiden einander hassen.

Gertrud Fussenegger

Gontard

Die Reinhardt spielte mit Schmitt eine vierhändige Sonate von Moscheles, die Trott Var[iationen] von Hummel, die Gontard sang zwei italienische Lieder und, wie

… mir erschien – trotz ihrer sehr stolzen Art – zitterte und bebte [sie] dabei ärger als die bürgerlichste Dilettantin.

Jeanette Strauss-Wahl

Hedda Hopper

Die Hopper ist schlimmer. Die trug Hüte wie Wagenräder und war einmal Schauspielerin gewesen. Fünf Jahre später, als ich in New York Theater spielte, hielt sie anläßlich einer Preisverteilung eine blamable Rede, in der sie noch immer Kommunisten jagend und, mit dem Moralgehalt letzter Broadwayproduktionen abrechnend, unter wippendem Hut Giftiges zischte. Blamabel die Rede, blamabel die da saßen und andächtig lauschten.

Hildegard Knef

Grace Jones

Es gibt eine Sehnsucht nach Sieg. Nach Gesundheit. Nach strahlenden Gewinnerinnen, denen frau die Anstrengungen nicht ansieht. Nach Vor-Bildern, die signalisieren: es ist zu schaffen. Wir sind jung, stark, schön. Wir platzen vor Power. Nach Frauen, die all das ausstrahlen, was der eigene Alltag nicht einlöst.
Diese Frauen müssen nicht blond und arisch sein. Da gibt es auch Grace Jones Superwoman. Sie ist schwarz, glänzend, athletisch, Harmonie von Muskeln und Bewegung, glatt bis in den ausrasierten Nacken, ganz physische Präsenz. Sie besiegt das Inferno, sie triumphiert über die Elemente, sie schnellt durch die Luft,

allein kraft ihres Körpers, ihrer durchtrainierten Muskeln, der zielgenauen Dynamik ihrer Bewegungen. Sie ist die schwarz-schillernde Schwester der hellstrahlenden arischen Sportlerin. »Reinrassigkeit« muß – heute – nicht arisch sein. Sie beweist sich durch Kraft, Harmonie, Sieg.

Ingrid Strobl

Margaret Mead

... Margaret Mead (ein Monster) ... Woraufhin Mead (man nennt sie besser nur beim Nachnamen, nicht weil sie ein Mann, sondern weil sie mit Sicherheit keine Frau ist) eine Tirade vom Stapel ließ, wie sehr alle diese Leute es genießen, mit US-Berühmtheiten zusammenzusein etc.

Hannah Arendt

Marilyn Monroe

Sie steht auf, schlurrt mit alten Strandlatschen in den Schminkraum. Kind mit kurzen Beinen und dickem Popo. Eineinhalb Stunden später rempele ich im Korridor ein Mädchen an, nur an den Augen erkenne ich sie wieder. Mit der Schminke scheint sie gewachsen, scheinen die Beine länger, der Körper schmaler, ist das Gesicht schimmernd und scheint von Kerzenlicht beleuchtet. »Bis morgen und Dank auch«, flüstert die kleine Stimme. Am gleichen Abend, ein Ball; Preise werden verliehen, Nachwuchs vorgestellt. Am gleichen Tisch sitzt Marilyn Monroe. Sie trägt ein zu enges rotes Kleid, eins, das ich im Fox-Fundus hängen sah. Es steht ihr nicht, und obwohl zu eng, sieht es aus, als wär's Mutters altes, aus der Mottenkiste geholt, und Rouge und Lippenstift dazu. Die Augen halbgeschlossen, der Mund halbgeöffnet, die Hände zittern ein bißchen. Ein Glas zuviel; Kind, das Bowlenreste probiert. Die Fotografen halten die Kameras über ihre Köpfe, fotografieren in den Ausschnitt hinein. Sie reckt und streckt sich, dreht und lächelt, ist gefällig, bietet an. Jemand beugt sich hinunter, flüstert in ihr Ohr. »Bitte nicht«, sagt sie, »ich kann nicht.« Die Hand stößt ein Glas um, endlich steht sie auf, die Leute kichern, der enge Rock preßt die Knie zusammen, sie trippelt zum Mikrofon, der Weg endlos, der Gang lächerlich, sie starren auf das Kleid, warten, daß es platzt, den Busen freilegt, den Bauch, den Hintern. Der Ansager brüllt: »Marilyn Monroe!« Ein großer Scherz, ein toller Gag, glauben sie und lachen, als sie sich am Mikrofon festhält, die Augen schließt, Pause läßt, in der man nur den Atem hört, lautsprecherverstärkt, obszön, kurz, stöhnend: »Hi«, flüstert sie und trippelt weg. Einer neben mir sagt: »Die ist plemplem, döfer als doof.«

Hildegard Knef

Louella Parsons

Die eiserne Front der Frauenvereine lauerte gesichtslos hinter jeder Anspielung, und bevor ich wußte, wie mir geschah, fand ich mich als die »Sophisticated« und »Femme Fatalige« wieder. Die beiden feuerspeienden Presseerzengel Louella Parsons und Hedda Hopper, die täglich Kolumnen über Hollywoods Privatestes durch die USA vertrieben, ließen die Fox wissen, daß sie interviewbereit seien. Obwohl die beiden verfeindet, waren sie doch in einem geeint: Die in der Filmindustrie

Beschäftigten hatten ihren moralischen Anforderungen zu entsprechen, und ein jeder, der auch nur den dürftigsten Anschein unpuritanischen und den Frauenvereinen kontradiktorischen Denkens ahnen ließ, konnte mit den Furien der Vergeltung rechnen. Sie hatten einige Karrieren unterstützt und andere beendet, und konnten sich anrechnen, das Ingrid Bergman Amerika verlassen mußte, weil sie in Liebe zu einem Herrn entbrannt, dem sie nicht angetraut – von weniger Prominenten gar nicht zu reden, die waren bereits verscheucht, bevor der Name ein Name geworden.
Louella saß auf geblümter Couch, die beringten Hände gefaltet, und gemahnte an eine großmütterliche Krötenkönigin. Den Kopf geneigt, Fragen in Mitleid und Verständnis gehüllt, erreichte sie, daß die zum Enkelstadium Reduzierten plauderten und plauderten und an Mißverständnisse und Verleumdung glaubten.

Hildegard Knef

Adelheid Popp

Das gehätschelte Wunderkind der österreichischen Sozialdemokratie.

Therese Schlesinger

Nancy Reagan

So behaglich ich mich in Ronald Reagans Gegenwart fühlte, so wenig gelang es mir in ihrer. Ich bin selbst nicht sicher, warum. Irgendwie verschaffte sie mir den Eindruck der Distanz und manchmal sogar Kühle.

Helene von Damm

Christine Reinhart

Dafür, daß sie keine Ahnung hat, sieht sie einfach nicht gut genug aus.

Ulla Holthoff

Bettina Rheims

Rheims spielt mit dem Kick der Pseudo-Emanzipation, indem sie ihren Einbruch in die Männerdomäne Pornographie als unerhörten Akt der Befreiung verkauft. Unerhört ist ihr Schritt in der Tat – zumindest für die Handelnde. Für die Behandelten aber macht es keinen Unterschied, ob sie von einem Mann oder einer Frau vermarktet werden … Rheims mystifiziert und reproduziert lebensgefährliche »Weiblichkeit«. Reiser entlarvt »weibliche« Koketterie als tödlich. Sie macht Pornographie. Er macht Kunst.
Der Name Bettina Rheims steht heute, von »stern« bis »taz«, für die »neue Lust« der »neuen Frauen«. Neu daran aber ist nur eines: daß eine Frau einen »Männerblick« auf andere Frauen richtet – und damit beweist, was konsequente Feministinnen schon immer gesagt haben. Machotum ist keine Frage des biologischen Geschlechts, sondern eine Frage der Machtverhältnisse und Skrupellosigkeit. Das gilt für eine Bettina Rheims in Paris nicht anders als für eine Teresa Orlowski in Hannover oder eine »blutige Brigyda« in Majdanek.

Alice Schwarzer

Vera Russwurm

Irgendwie haben wir mitgekriegt, daß das tratschende Trutscherl unbeirrt und unaufhaltsam berühmt geworden ist. Dauernd bekam sie irgend etwas, »Romys« und wie die Provinz-Oscars alle heißen, die Fernsehzeitschriften und Boulevardblätter einer endlichen Menge von Promis verehren.
Und kaum hatten wir ausnahmsweise einmal mit spitzen Fingern die »Kronen Zeitung« angefaßt, natürlich, da strahlte uns das Mädel von der »ersten täglichen Jugendseite« entgegen mit einem Lächeln, offen wie ein Scheunentor. Ihre Frisur war auch immer die gleiche, dieser leicht biedere, auf löwig geföhnte Stufenschnitt, getragen von der Mehrheit der Österreicherinnen zwischen fünfzehn und sechzig, akzeptiert von den sowieso ein bisserl klemmigen Österreichern, bei denen die Botschaft perfekt ankam: Ich bin kein Vamp, ich bin die Vera.

Eva Menasse

Jil Sander

Am radikalsten verfolgt Jil Sander – und daher mit dem größten Erfolg – den zeitgemäßen Bauhaus-Stil der Mode: einfach und teuer, elegant und funktional. Sie geht ganz mit der Herrenmode. Wenn Armani die Revers seiner Anzüge jägerhaft stumpf schneidert, so laufen auch Jil Sanders Verehrerinnen mit solchen herum, wenn Zegna das lange, elegante Revers durchsetzt, folgt sie ihm. Ihre Lieblingsfarben braun, beige, grau, sind nichts anderes als die aufgehellten Farben des Herrenanzuges.

Hannelore Schlaffer

Adele Sandrock

Bei den Kollegen war Adele gefürchtet. Sie sagte jedem die Meinung, sie war launenhaft und führte gern anstößige Reden. Zwischen den Proben sparte sie nicht mit anschaulichen Schilderungen aus ihrem turbulenten Liebesleben, das sie allerdings in regelmäßigen Abständen unterbrach, um nach Maria Lanzendorf wallfahrten zu gehen.
Sie war ein Vulkan an Temperament und Leidenschaft.

Rosa Albach-Retty

Adele Sandrock saß mitten auf der Bühne. Wie eine Königin. Wilhelmine, ihre Schwester, bediente sie.
Wilhelmine war eine sehr hübsche alte Dame mit weichem, rosigem Gesicht, das von dichtem weißen Haar eingerahmt war. Liebevoll brachte sie eine Tasse Tee aus der Thermosflasche oder ein kleines Brötchen, appetitlich auf einem Glasteller serviert, oder einen geschälten Apfel. Huldvoll nahm Adele es entgegen, ohne sich zu bedanken.
Der Direktor des Lessing-Theaters, Herr Klein, hofierte die große Schauspielerin. Sie war sein Kassenmagnet. Ihr Name bürgte für ein gutes Geschäft. Die meisten Theater in Berlin waren leer.
»Darf ich Sie jetzt mit dem Ensemble bekanntmachen, Frau Sandrock?« fragte er devot.
Sie nickte wie Queen Victoria mit greisem Bulldoggengesicht … Sie sah mich verächtlich durch ihr Lorgnon an. »Aha«, grollte sie, »junges Gemüse, muß auch sein.«
»Sie kommt aus Wien«, ergänzte Direktor Klein.
»Junges Gemüse aus Wien also.«
Sie wandte sich ab. Junge Mädchen konnte sie nicht ausstehen.

Luise Ullrich

Katharina Schratt

Frln Schratt übertrieb u. war ganz Mondkalb, gefiel in Folge dessen ungeheuer.

Marie von Ebner-Eschenbach

Alice Schwarzer

Das Patriarchat hat wieder einmal zugeschlagen, und Emma war dabei. In seinem 18. Jahr hat Alice Schwarzers Frauenblatt neue Fronten im Geschlechterkampf entdeckt: Was einst ein »Magazin von Frauen für Frauen«, seit 1993 dann ein »Magazin von Frauen für Menschen« war, hat sich endlich gewandelt zum gemeinsamen Kampfblatt für Frau und Tier ... Der Kreis der Gerechten ist klein geworden. 1977 ging Schwarzers Zeitschrift mit 200.000 Exemplaren an den Start und mußte noch 100.000 nachdrucken; jetzt meldet sie nur noch eine verkaufte Auflage von rund 44.000. Was früher das Zentralorgan der Frauenbewegung war, verstrickt sich nun in skurrile Grabenkämpfe, streitet auf Nebenschauplätzen und folgt brav und stetig den Ideen, welche die Chefin formuliert. »Alice's Spleen« (Emma) ist zur Zeit der Tierrechtskampf – das Frauenmagazin, so scheint es, will sich zum Fachblatt für Kurioses wandeln. (...) Schwarzer, die im Fernsehen durchaus souverän und komisch sein kann und sogar Willen zur Selbstironie zeigt, hat in ihrem Blatt immer auf die eindeutige Linie Wert gelegt. Sie »entbehre nicht autoritärer Züge«, hat sie schon mal zugegeben. Wer anderer Meinung war, verließ früher oder später die Redaktion. Das rächt sich jetzt.

Barbara Supp

Starlett

Er führte mich zu einem Sofa, auf dem der deutsche »Star« thronte; das aufwendige Kleid bedeckte fast das ganze Sofa. Neben ihr saß eine schlanke Frau in einem einfachen schwarzen Tailleur – Greta Garbo. Lächelnd versuchte sie mir Platz zu machen, indes der Star nicht daran dachte, seine Volants zusammenzuraffen. So überließen wir ihr das Sofa und gingen hinaus auf die Veranda.

Salka Viertel

Bertha von Suttner

Von Baronin Suttner der Friedensfreundin, die einem keinen Frieden gibt.

Marie von Ebner-Eschenbach

Ruhelos, aggressiv und ehrgeizig.

Helene Deutsch

Mit Ihren Texten konfrontiert, vertieft in Ihre Memoiren, minderte sich die Verehrung; mir war da zuviel Eitelkeit im Spiel.

Carola Stern

Liz Taylor

Elizabeth begann, meinen Zopf aufzulösen und mir eine neue Frisur zu stecken, einen Nackenknoten.

»Aha, typisch weiblich«, dachte ich, »sie will, daß ich älter aussehe als sie.« Also löste ich den Knoten wieder auf und ließ mein Haar offen.

Marisa Mell

Margaret Thatcher

Von Margaret Thatcher, nach dem von ihr gewonnenen Falkland-Krieg nun auf der Höhe ihrer Popularität, ein Bild als »britische Bellona« zu entwerfen, versage ich mir nicht: »Hatte sich dafür die Suffragette Emily Davison auf dem Derby von 1913 unter die Hufe des königlichen Pferdes gestürzt, hatten sich dafür ihre Gefährtinnen an die Gitter des Parlaments gekettet? Keine friedliebende Freundin der Armen, eine martialische Monetaristin ist in 10 Downing Street eingezogen.« Welch unerwartete Gestalt die Hoffnungen der – in diesem Lande entstandenen – Feministinnen angenommen haben, geht mir nah.

Hilde Spiel

Beate Uhse

Beate Uhse, die Frau im Männerberuf, die 70 verschiedene Flugzeugtypen fliegen konnte, hat heute 70 verschiedene Vibratorentypen im Programm (stufenlos regelbar und batteriebetrieben). Nach dem Zweiten Weltkrieg lehrte die Tabubrecherin Beate Uhse die von Hitler zu reinen Gebärmaschinen degradierten Frauen mit als erste wieder das Kinder-Verhüten. Heute lehrt sie die Männer das Frauen-Verachten mit den, so der »Spiegel«, »schärfsten Sexfilmen der Republik (Titel-

beispiel: ›Gierig, geil und nimmersatt‹).« Und sie rühmt sich: »Wir haben durch unsere Arbeit dazu beigetragen, daß der Gesetzgeber 1975 die Pornographie für Erwachsene freigegeben hat.« Beate Uhse: immer dabei ... »Beate Uhse ist harmlos«, sagen die einen. Sie ist es nicht, sagen wir. Sie läßt nur nach außen die Männer die Dreckarbeit machen (ihren Sohn und seine Kumpel). Wie im Krieg. Die Munition aber liefert die Generalin persönlich.
Beate Uhse sei eine »vom Flair einer Mädchenschaftsführerin umwehte Suffragette«, schreibt die »Frankfurter Rundschau«. So ganz daneben ist das nicht. Aber ins Schwarze getroffen ist es auch nicht.
Beate Uhse ist eine Emanze. Eine, die sich auf Kosten von Frauen emanzipiert und es mit Kerlen hält. Eine, die alles kann und alles tut. Eine, die immer dabei ist. An vorderster Front. Seite an Seite kämpft sie mit den Kameraden. Im Nazi-Krieg wie im Sex-Krieg. Gestern mit Bomben. Heute mit Pornos.

Cornelia Filter

Clara Westhoff

Trotzdem, und trotz seiner Heirat mit Clara Westhoff, einer auf den geschmacklosesten Kitsch spezialisierten Künstlerin, hatte Rilke keinerlei Beziehung zur Malerei.

Claire Goll

Charlotte Wolter

Abends Burgtheater – *Adrienne Lecouvreux.* Mittelmäßige Vorstellung. Die Wolter ungenügend.

Marie von Ebner-Eschenbach

Abends Burgtheater, *Des Meeres u. der Liebe Wellen.* Die Wolter missfiel mir. Im Anfang glaubt man ihr die jungfräuliche Priesterin schon nicht und am Schlusse trieft sie vor Sinnlichkeit.

Marie von Ebner-Eschenbach

Clara Zetkin

Ausgerechnet die Machtverhältnisse zwischen Frauen und Männern, deren Ausbeutungsobjekte mehr als die Hälfte der Menschheit sind, sollen nebensächlich sein, verglichen mit den Klassenverhältnissen? Die Frauenbewegung eine Ableitung der Arbeiterbewegung? Ich bitte Dich! Und bestell bitte auch Clara, daß sie meschugge ist, wenn sie weiter darauf besteht!

Pieke Biermann

Luise Zietz

Ich habe Mathilde W. und Luise Zietz getroffen. Beide haben »schrecklich viel zu tun«. Was eigentlich? Sie organisieren gemeinsam mit Damen aus der »guten Gesellschaft« (genauso haben sie es gesagt!) Speisungen aus öffentlichen Mitteln für Kinder, deren Väter eingezogen worden sind.
Sie arbeiten also für den Krieg?
Sie erzählten, daß sich viele Arbeiterinnen als Krankenschwestern melden. Nach Mathildes Meinung erfüllen sie damit ihre »sozialistische Pflicht«.
Ich verließ sie mit einem Gefühl unbeschreiblicher Trauer und moralischer Einsamkeit.

Alexandra Kollontai

Frauen berühmter Männer

Ehefrauen

Ehe ich beschloß dieses Buch *Meine fünfundzwanzig Jahre mit Gertrude Stein* zu schreiben, hatte ich oft gesagt ich würde schreiben, *Die Frauen von Genies neben denen ich gesessen habe*. Ich habe neben so vielen gesessen. Ich habe neben Ehefrauen gesessen die keine Ehefrauen waren, von Genies die wirkliche Genies waren. Ich habe neben wirklichen Ehefrauen von Genies gesessen die keine wirklichen Genies waren. Ich habe neben Frauen von Genies, von Beinahegenies, von Möchtegerngenies gesessen, kurzum ich habe sehr oft und sehr lange neben vielen Ehefrauen und Ehefrauen von vielen Genies gesessen.

Alice B. Toklas

Sonia Delaunay, Elsa Triolet und Gala Dalí haben im Schatten ihrer Männer gelebt und sich rückhaltlos für deren Erfolg eingesetzt. Für diese Russinnen endet das Weltall an der Schwelle des Hauses. Draußen ist der feindliche, wüste Dschungel. Sie betrachten das Leben als schlechte Komödie, die gar keine Beachtung verdient. Zwischen all den Gnomen und Bösewichten gibt es nur eine Gerechtigkeit: diejenige, die ihrem Mann nützt. Er soll der größte Maler, der größte Kommunist, der größte Exzentriker sein. Wenn das Leben schon nichts als ein Marionettentheater ist, muß der Ehemann darin eine Rolle spielen, die einzige, die ihm zukommt, die Hauptrolle. Sie selbst hocken in einer dunklen Ecke und ziehen die Fäden.

Claire Goll

Die Frau ist eine Null, nichts als eine Anhäufung von Eierstöcken, und ich nehme mich nicht aus. Trotz meiner kleinen Erfolge bin ich nichts, fühle ich mich als nichts. Ich bin nie auf die Idee gekommen, mit Goll zu konkurrieren. Ich habe mich immer eine Etage tiefer gefühlt.
Ohne Hilfe des Mannes kann seine sogenannte bessere Hälfte sich nicht entwickeln. Seine Ideen durchdringen sie, und sie gibt sie dann auf ihre Art wieder, aber sie ist nicht schöpferisch. George Sand hat viel von Musset und Chopin gelernt, Madame de Staël war ein geistiges Geschöpf Benjamin Constants, und Simone de Beauvoir existiert nur im Schatten Sartres.

Claire Goll

Ruth Berlau

Wir sind häufig mit Brecht zusammen, einmal auch in Ruth Berlaus kargem Zimmer, wo an einem Haken an der Wand eine speckige Mütze hängt. »Und er hängte seinen Hut an den Nagel in ihrer Kammer« – der Bezug ist offenbar. Die Berlau wirkt überdreht, dann wieder ausgelöscht, und, wie sie ein Jahr darauf niederschreiben wird, »vollkommen hilflos«.

Hilde Spiel

Madame Clémenceau

Gestern nachmittag Madame Clémenceau, nicht erfreulich, zu viel Schminke, alle so affektiert, wie ich es gar nicht geglaubt hatte.

Christiane von Hofmannsthal

Gala Dalí

Gala war fürs Köpfezusammenstecken und geheime Zusammenkünfte geboren; sie suchte stets Intrigen zwischen ihren surrealistischen Freunden zu knüpfen, wieder zu entwirren und, vor allem, die Karriere ihres Mannes zu lenken. Aber Eluard war zu stolz, um andere Register als die der Poesie zu ziehen. Geld und leichte Erfolge lockten den Sohn eines Lotterieeinnehmers nicht.

Wenn es Salvador Dalí nicht gegeben hätte, so hätte Gala ihn erfunden. Er war genau der Mann, den sie suchte: großspurig, aber ohne Stolz, bereit um jeden Preis die Aufmerksamkeit zu erregen und Erfolg zu haben, und sei er der platteste und vulgärste … Dalí war in seiner Jugend witzig, listig und schlagfertig. Aber er nahm sich nicht ernst und lachte stets als erster über seine Farcen. Gala hat seine Persönlichkeit systematisch aufgebaut, ihn genötigt, sich zu bestätigen und selbst zu übertreffen. Sie hat ihm die Welt vereinfacht, indem sie alle Entscheidungsmöglichkeiten auf eine Formel reduzierte: Treten oder getreten werden. Mit anderen Worten, es gibt Gewitzte und Trottel, Leute mit Geld und die ewigen Habenichtse. In Galas Augen war ein armes Genie verächtlicher als der geborene Idiot, denn statt sein Talent zu Gold zu machen, tauschte er es für trockenes Brot ein.

Claire Goll

Ich fand sie unausstehlich. Sie hatte nicht ein einziges nettes Wort für mich gehabt und ignorierte mich. Sie schien Millionen Lichtjahre von Dalís Welt entfernt zu leben und sprach nur über praktische Dinge.

Amanda Lear

Zum Frühstück erschienen die Dalís. Beide sind klein von Gestalt. Sie setzten sich dicht nebeneinander. Beide waren von unauffälligem Äußeren; sie ganz in gedämpfte Farben gekleidet, ein wenig verblüht, er wirkte wie mit Kohlestift angestrichen, wie die Kinderzeichnung eines Spaniers, irgendeines Spaniers, wäre nicht die unglaubliche Länge seines Schnurrbarts gewesen. Sie wandten sich gleichsam schutzsuchend, Bestätigung heischend und nicht offen, vertrauensvoll und zwanglos einander zu. Dudley war mißtrauisch. War Dalí wirklich wahnsinnig? Oder war sein Wahnsinn Pose? War seine Exzentrizität spontan oder Berechnung?

Da ich spanisch spreche, wünschten die anderen von mir, daß ich das Rätsel löste, doch hatten sie dabei nicht mit dem Organisationstalent Mrs. Dalís gerechnet. Ehe wir uns dessen versahen, war das Hauswesen nur noch zum Wohlergehen Dalís tätig. Wir durften die Bibliothek nicht mehr betreten, da er dort arbeiten wollte. Ob Dudley wohl so freundlich wäre, nach Richmond zu fahren, um dies und das aufzutreiben, was Dalí zum Malen benötigte? Ob ich so freundlich wäre, einen Artikel für ihn zu übersetzen? Ob Caresse die Illustrierte ›Life‹ zu einem Besuch einladen werde?

So erfüllten wir jeder die uns zugewiesenen Aufgaben. Mrs. Dalí erhob niemals die Stimme, nie suchte sie zu verführen oder schmeichelte sie uns. Stillschweigend nahm sie an, daß wir alle hier seien, um Dalí, dem großen, unbestreitbaren Künstler zu dienen.

In der Hoffnung, ein wenig spanische Atmosphäre zu schaffen, die ihn zur Mitteilsamkeit bewöge, kochte ich ein spanisches Gericht. Doch Mrs. Dalí schätzt die spanische Küche nicht … Mrs. Dalí beobachtete mich mit Wachsamkeit. Dalí mochte mich gut leiden und verlor seine Scheu, wenn ich kam. Er zeigte mir sein Werk.

Anaïs Nin

Emma Maria Doderer

Ich gehe hinterdrein mit der Frau Gemahlin und empfinde uns als Hühner. Die kräftige bayrische Mittelklassendame ist geniert und redet übers Wetter, übers Essen und über die Qualität von Stoffen. Sie versteht etwas von Textilien. Ich habe auch etwas beizutragen: Wo man hübsche Kleider billig kaufen kann. Ich vermag die Gemahlin nicht zu schildern, ich wäre nicht fair. Ich bin ja auch nicht schön – aber jünger.

Dorothea Zeemann

Lou Eisler

Für Lou, Hanns Eislers Frau, hatte ich wenig übrig. Sie war klein und nicht besonders ansehnlich, sie setzte zudem alles durch, was sie wollte. Vor Hanns war sie mit einem liebenswürdigen und wohlhabenden Mann verheiratet gewesen, und ich kann mir einfach nicht vorstellen, daß sie sich so sehr in Hanns verliebt hatte, als daß es ihr nicht genügt hätte, ein Verhältnis mit ihm zu haben, was ihr Mann, wie so manches andere, wahrscheinlich geduldet hätte. Vielleicht aber hatte ihr

Mann sie gelangweilt, während Langeweile mit Hanns unvorstellbar war. Kaum war sie in Hollywood, wollte sie unbedingt Charlie Chaplin kennenlernen. Mir schien das völlig unmöglich, aber, ich weiß nicht wie, sie schaffte es. Nach Jahren ließ sie sich von Hanns scheiden und heiratete den anziehendsten Mann der kommunistischen Partei. Offenbar »hatte sie etwas«, wie man das in Wien nennt, eine geheimnisvolle Anziehungskraft und einen ungeheuren Willen.

Wenn ich – wie wahrscheinlich die meisten Schriftsteller – eine Figur in einen Roman einführe, erfinde ich irgendeine dramatische Szene, um sie lebendig vorzustellen. Um die Eislers solcherart vorzustellen fällt mir nur das Folgende ein: Sie hatten einen Autounfall gehabt, und beide waren sehr mitgenommen. Am nächsten Tag besuchte ich sie im Hospital. Ich ging zuerst zu Lou, die mit der Krankenschwester zankte, weil sie ihr kein Morphium geben wollte. (Wahrscheinlich durfte sie das nur in bestimmten Abständen.) Dann ging ich zu Hanns, der in einem anderen Stockwerk lag. Er las in den Königsdramen von Shakespeare und war selig darin vertieft. Ich erzählte ihm von meinem Besuch bei Lou. Er lächelte nachsichtig und sagte: »Sie benimmt sich schlecht, die Kleine.«

Das ist keine dramatische Szene, aber sie ist charakteristisch. Am Tag nach einem Autounfall, bei dem er sich mehrere Rippen gebrochen hatte, was sehr schmerzhaft ist, las er Shakespeare und es machte ihm Freude. Er betrachtete das Benehmen seiner Frau kritisch, aber mit Nachsicht. Er nannte sie »die Kleine«. Er war ihr überlegen und er fühlte sich überlegen.

Gina Kaus

Marta Feuchtwanger

Die Quelle späterer Verzerrungen sollte die bis in ihre hohen Neunzigerjahre aktive und mitteilsame Marta Feuchtwanger werden. Bei meinen häufigen Besuchen in Los Angeles erlebte ich immer wieder ihre phantasievollen Reminiszenzen, die längst ihre eigene Wirklichkeit angenommen hatten. Eine originelle, tapfere, tatkräftige Frau, während ihrer Ehe mit dem dominanten Mann zu einer dienenden Rolle verpflichtet, in Sanary noch dazu überschattet nicht nur von Feuchtwangers zahlreichen Geliebten, sondern vor allem von der Sekretärin Lola Sernau, die seine geistige Gefährtin war. In Martas Memoiren taucht ihr Name nicht auf. Die Überlebenden haben immer recht, könnte man in einer Umkehrung des französischen Wortes über die Abwesenden sagen. Jener kleine Vorfall, als Nellie Mann dem vormittags unverhofft bei ihr vorsprechenden Ludwig Marcuse in einem mehr als offenherzigen Negligé die Tür auftat, hatte sich bei Marta zu einem halb entblößten Auftritt vor einem Dutzend Abendgästen verdichtet – von niemandem außer ihr verbürgt.

Hilde Spiel

Odette Keun

Odette Keun war in den zwanziger Jahren angetreten, die Welt zu beherrschen, sie im Sturm zu erobern und alle zu beißen und zu kratzen, die sie daran hindern könnten; sie führte sich genauso auf wie viele Frauen ihrer Generation, die sich ein für allemal von der viktorianischen Moral befreit und gelernt hatten, mit ihresgleichen zu sprechen: Bücher schreiben? Das konnte sie. Sie hatte schon eines publiziert – die Beschreibung einer Reise nach Sowjetrußland. Sie schrieb französisch, das Buch hieß *Sous Lénine* (Unter Lenin), und Wells hatte eine schmeichelhafte Rezension darüber geschrieben – das war der Anlaß ihrer Bekanntschaft. Bilder malen? Sie war der Meinung, daß sie das hervorragend konnte. Niemand verstand Musik so wie sie, und über Ballett und Außenpolitik entwickelte sie die (ihrer Meinung nach) brillantesten und überraschendsten Ansichten.

Nina Berberova

Gisela Kisch

1932 hatte Kisch als Schriftsteller schon seine ursprünglich großen Fähigkeiten eingebüßt. Je enger er sich mit der Kommunistischen Partei verband, um so schwächer wurden seine Arbeiten. Doch erst während der Emigrationszeit in Frankreich und später in Mexiko sollte sich sein literarischer Abstieg vollenden. Noch in Paris gehörte er zu den wenigen, die die diktatorischen Methoden der KP bekrittelten, die ihre gläubigen Anhänger unter den Intellektuellen einfach gleichschaltete und zu Propagandawerkzeugen erniedrigte. Aber Gisela sorgte dafür, daß er bei der Stange blieb. Wenn Kisch ohne seine Frau im Kreise anderer Emigranten in seiner Wohnung oder im Café saß und über die Partei lästerte und Gisl erschien zufällig in der Gesellschaft, so pflegten die Besucher mit den Fingerknöcheln auf die Tischplatte zu klopfen und warnend auszurufen: »Achtung! Der Parteiapparat kommt!« Sie quittierte regelmäßig diese Begrüßung mit einem Lächeln, und die Harmlosen unter den Gästen glaubten, dieses Zeremoniell sei ein von Kisch erfundener

Witz. Die Eingeweihten aber wußten, daß man sich vor Gisl hüten mußte, daß sie nicht nur ihren Egon bewachte, sondern daß ihre Funktionen auch noch darüber hinausgingen.

Margarete Buber-Neumann

Fürstin Liechtenstein

L[iechtenstein] ist recht gescheit aber doch lange nicht gescheit genug um zu merken wie die Andern merken, daß jedes Wort das sie spricht, Selbstverherrlichung ist. Was bist Du für eine prächtige Frau! soll der Andere denken, u. die meisten Männer u. alle dummen Frauen thun ihr den Gefallen.

Marie von Ebner-Eschenbach

Alma Mahler-Werfel

Sie hat mir nichts getan, aber ihr schlechter Ruf ist in Berlin, München und zweifellos auch in Wien überall bekannt. Erst hat sie einen Musiker geheiratet, Gustav Mahler, dem sie bis zu seinem Tod keine Ruhe gelassen hat, und er starb gerade rechtzeitig, daß sie mit dem Maler Kokoschka ins Bett gehen konnte ... Jetzt, wo sie mit dem Architekten Gropius verheiratet ist, fehlt ihr vielleicht noch ein Schriftsteller in der Sammlung. ... Sie ist eben eine sehr vielseitige Muse!

Claire Goll

Wer Alma Mahler zur Frau hat, muß sterben. Franz Werfel ließ sich dabei etwas Zeit; Alma hatte beschlossen, ihn auf kleiner Flamme zu schmoren ... Er lebte in ständiger Furcht vor Alma, die im Laufe der Jahre wuchs und auseinanderging wie eine leibhaftige Germania. Herrschsüchtig wie sie war, gestattete sie ihm nicht die kleinste Untreue, und sei sie auch nur in Gedanken. Bei einer früheren Begegnung hatte ich ihr spaßeshalber erzählt, daß Franz mit neunzehn Jahren in Leipzig mein Verehrer gewesen sei. Alma sprang wutschnaubend vom Stuhl auf und lief schreiend hinaus. Noch am selben Abend bekam ich einen Rohrpostbrief von ihr, in dem sie mir mitteilte, sie lehne fürderhin jeden Verkehr zwischen uns ab, weil ich sie »an Franzens Aufrichtigkeit irre gemacht« hätte.

Da sie aber auch eine bemerkenswerte Geschäftsfrau war, vergaß sie alles, als sie Goll eines Tages brauchte, und versöhnte sich mit mir.

Takt war nicht ihre starke Seite. Das merkte ich auch wieder in New York, als es um die Übersetzung von *Das Lied der Bernadette* ging. Werfel und Goll verhandelten im Nebenzimmer über die Prozente, die jeder für die französische Version erhalten sollte. Alma überwachte das Gespräch durch den Türspalt, sprungbereit wie eine Löwin, die ihr Junges verteidigt. Als sie sich überzeugt hatte, daß Franz seine Interessen allein wahrzunehmen wußte, wandte sie sich zu mir – nicht ohne ein Ohr weiter in Richtung der Tür zu spitzen – und zog ein Foto ihrer ältesten Tochter Maria, die aus der Verbindung mit dem Architekten Gropius stammte, aus ihrer Handtasche.

»Meine einzige Tochter«, sagte sie mit einem Seufzer, der ihre üppige Brust hob.

»Aber, Alma«, rief ich, »Sie haben doch noch zwei andere?«

»Ja, aber das sind halt Mischlinge …«

So etwas auszusprechen, wo die Wogen des Antisemitismus über Europa zusammenschlugen und in den

Verbrennungsöfen ein ganzes Volk in Qualm verwandelt wurde!
»Ist Franz denn kein Jude?«
»Eben deshalb habe ich ja ein Kind von ihm abtreiben müssen«, antwortete sie. »Sie verstehen, Claire, das gibt keine reinrassigen Kinder.«
Mir wurde übel bei diesen Worten. Die Werfels verdienten in Amerika Unsummen an den Tantiemen, die Alma für Mahlers Musik kassierte. Aber von unmäßigem Ehrgeiz getrieben, tyrannisierte sie auch ihren Franz, damit er Meisterwerke gebäre. Sie hielt sich für eine Egeria, aber sie war lediglich eine Menschenfresserin. Gewiß machte sie sich als Mitarbeiterin ihrer Opfer verdient, indem sie hingebungsvoll Mahlers Partituren und Werfels Manuskripte mit der Hand ins reine schrieb. Aber ihr Erfolgszwang war unerbittlich. Werfel mußte sich fast totarbeiten; Alma schloß ihn im Zimmer ein, um jeden Einfall, der sich etwa verflüchtigen wollte, am Entkommen zu hindern. Sie verkannte die Begabung ihres Mannes vollständig: Werfel war ein großer Dichter, aber kein Schriftsteller, der imstande war, einen Roman von fünfhundert Seiten aufzubauen und durchzuhalten.
Nach Werfels Tod begab sie sich auf die Jagd nach dem nächsten Opfer. Ihre Wahl fiel auf den Dirigenten Bruno Walter, der Gustav Mahler in den Vereinigten Staaten bekannt gemacht hatte. Die Aussicht auf eine solche Verbindung, welche die künftigen Tantiemen der ewigen Witwe vervielfacht hätte, mußte ihr sehr verlockend erscheinen. Sie gab also prachtvolle Cocktailempfänge zu dem Zweck, das Wild anzuziehen. Um ihre welkenden Reize aufzufrischen, trug sie gigantische Hüte mit Straußenfedern; man wußte nicht, ob sie als Trauerpferd vor einem Leichenwagen oder als neuer d'Artagnan aufzutreten wünschte. Dazu war sie gepudert, geschminkt, parfümiert und volltrunken.

Diese aufgequollene Walküre trank wie ein Loch. Bruno Walter hatte es jedoch mit dem Sterben nicht eilig und zog es vor, sein Verhältnis mit Delia Reinhardt, einer Sängerin der Berliner Oper, aufrechtzuerhalten.

Claire Goll

Sie kannten die Werfels noch nicht. Ihrer wichtigen Stellung in der Musikwelt bewußt, eilte Alma mit ausgestreckten Händen auf Strawinsky zu und stellte sich vor: »Ich bin Alma Mahler.« Franz Werfel hatte sie vergessen.

Salka Viertel

Nelly Mann

Nelly Mann war dreißig Jahre jünger als Heinrich, eine üppige, blonde, blauäugige Rubens-Schönheit mit roten Lippen, weiß schimmernden Zähnen und einer makellosen rosigen Haut. Man erzählte sich, daß sie Bardame in einer Hamburger Hafenkneipe gewesen sei, und ihr Benehmen schien dies oft zu bestätigen, besonders wenn sie ein wenig getrunken hatte.

Salka Viertel

June Miller

Henry verlor plötzlich seinen Glanz. Sie allein hatte Farbe, war strahlend, fremd. Als der Abend zu Ende ging, hatte ich ihre Macht über mich wieder gebrochen. Sie tötete meine Verehrung durch ihre Art zu sprechen. Ihre Sprache. Ein ungeheuerliches Ich, falsch, schwach, posierend. Es fehlt ihr der Mut zu sich selbst, zu ihrer Persönlichkeit, die sinnlich ist, schwer von Erfahrung. Sie ist nur mit ihrer Rolle beschäftigt und erfindet Dramen, deren Mittelpunkt immer sie selber ist. Ich bin sicher, daß sie wirkliche Dramen auslöst, wirkliches Chaos, daß sie die Gefühle in einen Strudel ziehen kann, aber ihr Anteil daran bleibt Pose. Obwohl ich so sehr auf sie einging, versuchte sie doch an diesem Abend alles das zu sein, was sie glaubte, daß ich von ihr erwarten könnte. In jedem Augenblick ist sie Schauspielerin. Ich kann ihren Kern nicht fassen. Alles, was Henry über sie gesagt hat, stimmt ... Das Ausmaß ihrer Falschheit war erschreckend, wie ein Abgrund.

Anaïs Nin

Anaïs Nin

Käthe Dorsch konnte so aussehen, wenn sie Elisabeth die Erste von England spielte oder Dürrenmatts »Besuch der alten Dame« – so auch Frau Nin. Mit jener Prise Grundschulenverweis, der die Dorschsche Darstellung auf mittlere Bühnen beschränkt hätte, sprach sie: »Vielleicht ist dies der falsche Platz für Sie, junger Mann.«

Hildegard Knef

Fernande Picasso

Fernande war die erste Frau eines Genies, neben der ich saß, und sie war nicht im geringsten amüsant. Wir sprachen über Hüte. Fernande hatte zwei Gesprächsthemen Hüte und Parfums. An jenem ersten Abend sprachen wir über Hüte. Sie liebte Hüte, sie hatte das echte französische Gespür für Hüte, wenn ein Hut dem Mann auf der Straße keine witzige Bemerkung entlockte war der Hut kein Erfolg. ... Fernande selbst hatte ein Idol. Es war Evelyn Thaw die Heldin des Tages. Und Fernande verehrte sie wie eine spätere Generation Mary Pickford verehrte, sie war so blond, so blaß, so nichtssagend und Fernande stieß einen tiefen Seufzer der Bewunderung aus.

Alice B. Toklas

Paula Strauss

Strauss u. Frau u. Sohn bei Hellmanns zu Gast. Frau Strauss unmöglich, sagt fremden Leuten Grobheiten.

Christiane von Hofmannsthal

Frida Strindberg

Sie war eine höchst intelligente Dame, lebte offensichtlich in nicht allzu glänzenden Verhältnissen. Das Haar hing in Zotteln um ein welkes, einmal hübsches Gesicht, das nicht den Eindruck machte, mit irgendeiner Art von Reinigungsmittel befreundet zu sein. Bei der Gluthitze trug sie ein enges dunkelgrünes Sammetkleid, das bessere Tage gesehen hatte und zu allem

Überfluß mit einer Schleppe drapiert war, mit der sie die Fußböden und den Asphalt fegte, daß der Staub ihr Untergestell mit Wolken umgab.

Asta Nielsen

Friederike Maria Zweig

Friederike Maria Zweig, Stefans ein wenig betuliche, ein wenig abgeschmackte, aber seelensgute erste Frau, von der es heißt, sie habe bald nach der Ankunft in New York bei einem Abendessen für illustre Gäste den Eßtisch sinnig mit *poison ivy* geschmückt.

Hilde Spiel

Konkurrentinnen und »Freundinnen«

Konkurrentinnen

Das bringt mich zu der Frage älterer und jüngerer Frauen und der Rivalität zwischen uns. Als ich jung und gerade in Mode war – wie Wolf und Roiphe heute –, war ich entsetzt über den Haß und die Feindseligkeit, die mir von älteren Frauen entgegenschlugen. Damit hatte ich nicht gerechnet. Und es schmerzte mehr als die Kritik, die ich von Männern bekam. Die hatte ich mehr oder weniger erwartet. Noch heute ist es schwer, sich an den Haß zu erinnern, der auf das Erscheinen von *Angst vorm Fliegen* folgte.
Journalistinnen, die mir unter vier Augen anvertrauten, sie identifizierten sich zutiefst mit dem Buch, griffen mich in der Öffentlichkeit an, oft unter Verwendung genau der Vertraulichkeiten, die sie mir entlockt hatten, indem sie von ihrer Identifikation sprachen. Das Gefühl des Verrats war extrem. Von diesen bitteren Kritikerinnen fühlte ich mich stärker mundtot gemacht als jemals von männlichen Kritikern.

Erica Jong

Die Aggression der Frauen ist, was die analen und phallischen Strebungen anbetrifft, mehr nach innen gewendet, mehr masochistisch als sadistisch, indirekter. Ihr Überich ist ›schwächer‹, leichter beeinflußbar, aber auch weniger zu Projektionen geneigt; Neid pflegt ihr Selbstgefühl tiefer zu unterminieren als das des Mannes, Eifersucht spielt bei ihr eine besondere Rolle, aber sie ist weniger mit Rivalitätsaggression verbunden als die des Mannes, sondern ist verborgener, geht häufiger mit Vorwürfen einher.

Margarete Mitscherlich

Neben mir tänzelt Elisabeth Pinn. Sie ist drei Jahre älter als ich und spielt sich furchtbar auf. Als wir an der Haltestelle warten, fängt auch die Frau Pinn an, sich mächtig aufzuplustern und kann sich gar nicht genugtun mit ihrer Elisabeth. »Ja, ja, man lobt ja als Mutter nicht gern, aber das Kind hat die schönsten weiblichen Gaben. Sie macht die herrlichsten Handarbeiten, besonders Lochstickerei.« Elisabeth saugt die Hymnen auf und sagt bescheiden, es sei doch selbstverständlich, daß ein Mädchen das alles könne, und mit dreizehn sei sie auch schon so gewesen. Eigentlich sieht sie ein bißchen dämlich aus, und in meiner Klasse haben wir viel hübschere Mädchen.

Irmgard Keun

Zwölf Monate später besuchten wir Ingeborg in ihrem neuen Wohnsitz im Böhmerwald, in der Mühle ihrer Schwiegereltern. Sie hatte unterdessen ein Kind geboren, hielt es im Arm, sog dabei an ihrer Zigarette, witzelte, kicherte, schließlich entblößte sie ihre große blaugeäderte Brust und legte den Säugling an. In mir stiegen Ekel und Widerwillen auf und zugleich ein glühender, vom eigenen Verlangen angeblasener Haß: Närrinnen dürfen Kinder haben, und du?

Gertrud Fussenegger

Ich verkrieche mich zurück ins Bett und durchlebe einen Augenblick des Grauens, daß irgend so eine Ziege ihn eines Tages fertigmachen könnte, ihn in die Ehe stehlen würde, entdecken würde, daß er der reizendste Mann der ganzen Welt ist und ihn in einen Schrank sperren könnte. Ihn besitzen möchte. So daß kein Fumio für mich übrigbliebe.

Kate Millett

Munch hatte nach langem Zögern endlich doch seine norwegische Freundin an den Stammtisch gebracht. Sie war Virtuosin auf dem Klavier und auf der Mannesseele, verstand nicht nur vorzutragen, sondern auch zuzuhören. Sie war hold genäschig, und das Erlebnis Strindberg hatte sie längst gereizt. Sie sah nur mehr ihn, ließ Munch erbarmungslos fallen, vergaß die anderen oder schien sie zu vergessen, war Galathea und Strindberg wurde Pygmalion. Sie ließ ihm den Wahn des beseelenden beseligenden Mannes, sie ließ ihm jeden Wahn, auch den der Treue mir gegenüber – fürs erste.

Frida Strindberg

Es befremdet mich, daß mein Brief Sophien Besorgnis erregt hat, ich rede doch nicht anders darin, als wie man von einem Freund reden soll, der es ist in ganzem Sinn. Ich dachte, Sophie hätte Gefühl für eine Freundschaft, die mehr ist als das launische Gemisch, das gewöhnlich dafür ausgegeben wird. Sieht es nicht aus, als dächte ich immer zu groß von ihr? Ich glaube es ungerne. Was fürchtet sie doch von mir? Ich bin aufrichtig gegen sie, darum ist sie unruhig, dazu hätte sie natürliche Gründe, wenn ich mich schlau versteckte. Ich kann es sagen, ich habe in Sophiens Leben viele schöne lichte Punkte gesehn, warum ist es ihr nicht gegeben, sie zu einem schönen, haltbaren Ganzen zu verknüpfen? Warum müssen viele Augenblicke von kleinem Mißtraun, von egoistischer, ungegründeter Ängstlichkeit dazwischen sein, wie kann sie zugleich trauen und auch nicht, heute unser Verhältnis gutheißen und morgen fürchten? Wie Dich so lieben, daß sie Dich um keinen Preis verlassen kann, und sich doch bei ihren Bekannten ehemals über Dich beklagen? Bei Gott, das ist schwer zu verstehen! Auch die Folter sollte bei mir keine Klage über Dich abzwingen, auch wenn Du ungerecht gegen mich wärest.

Karoline von Günderrode

Leider funkte seine abgewrackte Freundin mir nun arg dazwischen. Sie war schon »alt«, nämlich 28 Jahre. Sie hatte ihn fröhlich behumst, doch wollte sie brennend gern Frau Jacoby werden. Nun mobilisierte sie alle Hilfstruppen, um ihn bei meinen Eltern anzuschwärzen, aus »menschlichen Gründen« traten sie und ihre Freunde als Zeugen gegen ihn auf, ich sei doch noch so blutjung und nun diesem Ungeheuer ausgeliefert …

Marika Rökk

Als ich ihn [Sartre] in der Sorbonne zum erstenmal sah, hatte er einen Hut auf und plauderte angeregt mit einer langen Latte von Lehramtsbeflissenen, die ich sehr häßlich fand; sie hatte es bald fertiggebracht, sein Mißfallen zu erregen; darauf hatte er sich mit einer anderen, hübscheren, angefreundet, aber es war auch mit ihr sehr rasch wieder auseinandergegangen, weil sie ihm Ungelegenheiten bereitete. Als Herbaud ihm von mir erzählt hatte, wollte er auf der Stelle meine Bekanntschaft machen, und jetzt war er sehr zufrieden, daß er mich mit Beschlag belegen konnte.

Simone de Beauvoir

Ich wurde in den Saal geführt, wo ich mich genötigt sah, einfältig lächelnd Schauspielerinnen abzuküssen und jene Verletzung meiner Eitelkeit hinzunehmen, die dann kommt, wenn ich meine Wange an die einer jungen und hübschen Schauspielerin drücke und genau weiß, daß wir am nächsten Tag auf den Theaterseiten aller Zeitungen zu finden sein werden – sie strahlend schön, im Vollgefühl ihres Erfolgs, und ich schlicht und einfach entsetzlich.

Agatha Christie

Eine sehr affektierte Dame, die auf jüngere eine Art Eifersucht hat, sagte neulich von einer sehr schönen Frau: »Ach, wie kann mich ein solches Gesicht in Gesellschaft entzücken, ich muß sie immer ansehn; ich freute mich gleich, als sie hereinkam, daß meine Gäste diesen Genuß haben, solche Züge anzusehn!« Ich antwortete in ihre eigene verlogene Seele herein: »Nein, ich möchte so eine schöne Frau gleich zur Tür hinausjagen, die schönen Herrn gefallen mir viel besser; ich kann überhaupt gar nicht begreifen, wie man sich in eine Frau verlieben kann!«

Johanna Kinkel

Maria Bilger

Schade. Aber Maria kann nicht aktiver sein, als sie ist, eine schöne, tierhafte Pflanze, eine fleischfressende Pflanze, die ununterbrochen, langsam, harmonisch und dumpf wächst, Blüten ansetzt, welkt und wieder wächst.
Maria lag auf einer alten Decke zwischen den Tomaten im hinteren Teil des Gartens, nackt, braun, schlafend. Ihre Augenlider glänzten, das starke schwarze Haar wirkte wie schwarzer Bast, wie eine Pflanzenfaser neben Erde und Kraut. Die Tomaten hingen ihr fast ins Gesicht, ich betrachtete ihre stumpfen kleinen Nägel und die dunklen, violettbraunen Brustmale. Die angenehmste Melancholie ergreift mich, wenn ich Maria betrachte, im Sommer, in der prallen Sonne, wie sie schläft, mit ihrem großgeschnittenen Tiergesicht, bei den roten, sonnenheißen Tomaten.

Jeannie Ebner

Gunda Brentano

Ich verließ Dich den Mittwoch mit sonderbaren Empfindungen. Duldung, Schonung, Unterstützung muß man sich von Gunden nicht erwarten, dachte ich; und es ist wahr; wer sein Glück Dir anvertraut, der traut der wechselnden See; Du bist nur ein Schauspiel; man muß Gefallen an Dir finden, mehr sollte man nicht, denn Du bist wahrlich ein schönes mannigfaches Spiel, zum Schauen geeignet, wer Dich anders nimmt, versteht Dich nicht, wer Dich anders will, schadet dem Vergnügen, das er in Deiner Anschauung genießen könnte. Es ist gewiß so, ich werde mich Dir gegenüber auch immer mehr ans Betrachten gewöhnen ... Ich weiß nicht, Gunda, ob ich Dir etwas von mir sagen soll, da ich fast gewiß annehmen kann, daß Du keinen Anteil an dem nehmen kannst, was ich Dir von mir sagen mögte. Die Einseitigkeit unseres Briefwechsels erregt mir auch unangenehme Empfindungen ... Da habe ich viel zu tun, Gundel, wenn ich allen Groll gegen Dich aus meinem Herzen verbannen will; Du kannst es mir fast nicht zumuten. Jetzt will ich mich noch mäßigen, aber mündlich gewiß nicht. Meine Vorwürfe sollen wie schwere Gewitterwolken über Dir herziehen, und nicht allein herziehen, sondern auch recht treffen. Ich war ernstlich krank vor einiger Zeit. Ein großes Glück für Dich, daß ich nicht gestorben bin. Wäre mein Schatten unversöhnt mit Dir in die Unterwelt gestiegen, er hätte sich's nicht verdrießen lassen, Dich jede Mitternacht elendiglich zu quälen ... Du weißt, daß ich Dir gut bin, daß ich gern bei Dir bin, aber Du weißt auch, daß ich mich schlechterdings nicht über Deine Fehler täuschen, viel weniger sie lieben kann. Ich habe Dir schon oft gesagt, was ich an Dir tadle, auf was ich bei Dir Verzicht tun muß, weil Du entweder die Anlage nicht dazu hast oder weil sie in Dir erstickt wurde. Aber ich beklage mich noch über Vieles in Dir, was Du ändern könntest, wenn nicht eine Trägheit, an die ich nicht ohne Ungeduld denken kann, und eine grenzenlose Sucht, Dich immer liebenswürdig zu finden, Dich davon abhielten ... Gunda, ich bin Dir böse, und in allem Ernst. Ich finde es sehr widrig, daß Du dem Engländer geschrieben hast, noch mehr aber die Art Deines Briefes, Du bist gar zu wohlfeil mit Deinen Briefen; ich weiß gar nicht, wie ich das nennen soll, es fehlt Dir überall am rechten Stolze wie an der rechten Demut. Deine vielfachen Verhältnisse sind mir schon unleidlich, aber Dir sind sie immer noch nicht genug, Du suchst immer mehrere, und keines kann daher Wert haben, und Du selbst hast für keines ordentliche Achtung, auch nicht für das mit ihm, sonst könntest Du nicht so freigiebig gegen andere sein.

Karoline von Günderrode

Helen Rothan

Helen, die mir als Kind und jungem Mädchen eine großartige Freundin gewesen war, schien halb vergiftet zu sein vom Geruch des Geldes und dem törichten Wunsch, »in der Gesellschaft zu verkehren«. Sie und ihre Schwester entwickelten sich (als diese im Pembridge Mansions zu Besuch kam) zu solch hoher Abstammung, daß mir klar wurde, sie fehlten dem *Gotha* wahrhaftig. Kurz gesagt, lag ihnen weniger daran, in die feine Gesellschaft zu gelangen; sie wollten dort inthronisiert werden. Sie waren überaus vornehm, und ihre Vornehmheit blähte sich so sehr auf, daß sie davon beinahe platzten.

Edith Sitwell

Helena Rubinstein

Unüberbietbar geizig in Kleinigkeiten, gab sie mir nichts, warf aber das Geld zum Fenster hinaus, wenn es darum ging, ihren Größenwahn zu befriedigen. Bei ihren Empfängen hätte man in Champagner baden und den Kaviar mit Schöpflöffeln essen können, aber im Laden wurde jede Puderdose schärfer kontrolliert als das Morphium beim Apotheker.

Claire Goll

Blanchette Weiß

Ich weiß nicht recht, weshalb ich mit Blanchette Weiß verkehrte. Sie war klein und dicklich, und in ihrem vor Selbstgefälligkeit glänzenden Gesicht huschten boshafte Augen umher; aber ich war förmlich hypnotisiert von ihrem philosophischen Wortschwall; sie verquickte metaphysische Spekulationen mit allerlei Tratsch, und das mit einem Wortreichtum, den ich für Klugheit hielt.

Simone de Beauvoir

Mütter, Schwiegermütter ...

Meine Mutter war die rechtschaffenste Frau, die ich je gekannt habe. Aber in allem Verstande F r a u, die sich weiter durch nichts auszeichnete.

Friederike Baldinger

Meine zukünftige Schwiegermutter ließ weiterhin ihren Charme spielen, wenn auch in etwas übertrieben irischer Manier. Ihr anderer Sohn Campbell sagte mir einmal: »Mutter ist eine sehr gefährliche Frau.« Damals verstand ich das nicht, aber heute glaube ich zu wissen, was er meinte. Die überströmende Zuneigung, die sie für einen Menschen aufbrachte, konnte von einem Moment zum andern ins Gegenteil umschlagen. Heute gefiel es ihr, ihre zukünftige Schwiegertochter zu lieben; morgen würde sie ihr alles Böse wünschen.

Agatha Christie

Es war klar, daß Alma, Werfel, Golo und Heinrich Mann und dessen Frau für die Übersteigung der Pyrenäen nur das Notwendigste mitnehmen konnten. Meine Mutter hatte, wie gewöhnlich, ziemlich viel

Gepäck, von Partituren war da nicht die Rede, auf keinen Fall von Unveröffentlichten. Ich war glücklicherweise in London, habe Werfel nach 1939 nie wiedergesehen. Alma hatte immer das wunderbare Talent, Sklaven zu finden. Sie hat Mahlers Manuskripte (alles veröffentlicht) in den USA bekommen.

Anna Werfel

Wenn Gott eine Mutter gehabt hätte wie die meine, so hätte er nie das Gebot erlassen: »Du sollst deinen Vater und deine Mutter ehren, auf daß es dir wohlergehe und du lange lebest auf Erden.« Er hätte sie, wie ich, zur Raserei gebracht und dabei fasziniert den mitleidlosen Sadismus beobachtet, der sich hinter der schönen Fassade verbarg. Bis zum Tage meiner Hochzeit habe ich ihre Mißhandlungen und ihre Tyrannei erduldet. Das hat mich nicht gerade zärtlich gestimmt … Unser Haus glich einem Irrenhaus – auf deutsche Art. Alles war geregelt, logisch, tadellos. Meine Mutter hatte zwei fixe Ideen: Disziplin und Erziehung. Ihrer Meinung nach waren Kinder, Dienstboten und Künstler samt und sonders Lasterhafte, Schurken und Faulpelze. Eltern und Vorgesetzte hatten die Pflicht, sie zurechtzuweisen, zu prügeln und hungern zu lassen. Das war nur die gerechte Strafe für ihre Abhängigkeit und eine energische Art, ihnen den Pfad der Tugend zu zeigen. Durch Quälereien half man ihnen, besser zu werden, und zugleich erwies man der Schule, der Armee, der gesamten deutschen Nation einen Dienst.
Das Kind hatte lediglich zwei Rechte: den Mund halten und gehorchen. Wie der Rest des Hauses. Meine Mutter hingegen nahm sich die Freiheit, alles zu beherrschen und in Schrecken zu versetzen. Das beanspruchte sie so, daß sie Belohnungen für ihre Mühe verlangte.

Claire Goll

Wenn ich meine Mutter entspannt sehe, entspannt sich auch etwas in mir. Wenn sie ihr Leben freudig begrüßt, kann ich es auch. Ich habe das Gefühl, mich mein ganzes Leben lang gequält zu haben, weil ich meinte, sie sei gequält. Mein ganzes Leben lang habe ich gelitten, weil ich irgendwie spürte, daß sie es so haben will.

Erica Jong

Dazu kommt mein schreckliches Gefühl der Unzulänglichkeit, besonders in bezug auf Mutter. Ich werde blasser und abgehetzter, ich werde immer weniger, je energischer sie wird. Ich werde zu Mutters kleinem Mädchen. Alles Effektive in mir ist wie weggeblasen. Ich wollte mich zu Wort melden, wie ich es seit damals, als ich siebzehn, unglücklich und unattraktiv war, nicht mehr gewollt hatte. Ich muß gegen alles ankämpfen, was ich auch damals in mir bekämpfte: Schüchternheit, Egoismus, Eifersucht.

Anne Morrow Lindbergh

Mutter, mein ganzes Leben laufe ich vor deinem Leben davon. Nur nicht wiederholen. Nicht du sein. Und dann bin ich es trotzdem.

Kate Millett

Meine Schwiegermutter unterschied sich in diesen Ideen bloß in einem Punkt von meinem Mann. Obwohl sie der Meinung war, daß die Kinder arbeiten sollten, wünschte sie, alle zu Hause unter ihrer Aufsicht und Führung zu haben; ihr Gefühl für Familienzusammengehörigkeit war von einer beinahe patriarchalischen Art. Folglich mißfiel es ihr, wenn sich eines der Kinder von den Eltern finanziell unabhängig machte. Sie finanziell abhängig zu halten, so dachte sie, sei ein Weg, sie an zu Hause zu binden und sie zu kontrollieren.

Eleanor Roosevelt

O wie hätte ich Euch geliebt, meine Mutter, wenn Ihr es gewollt hättet. Aber Ihr habt mich verraten, Ihr habt mich belogen, Mutter, ist es möglich, Ihr habt mich belogen? Wie schuldig Ihr seid, Ihr habt mir das Herz gebrochen.

George Sand

Meine Mutter verdarb Vaters Karriere, soweit die sich bei seiner Energie und Leistung verderben ließ, dadurch, daß allein schon ihre phantastische Unordnung jeden gesellschaftlichen Verkehr für ihn unmöglich machte, solange sie zusammen lebten. Sechs Tage der Woche war das Haus im Zustand eines wilden Chaos; raffte sie sich am siebenten auf und ging ans große Scheuern mit ungezählten Mägden, so ging sie so gründlich daran, daß sie es nie zur Zeit beendete. Ein regierender Fürst und ein Premierminister waren einmal nahe daran, unrühmlich in einem Wassereimer zu landen, der noch zur Souperzeit verräterisch hinter der ›gastfreundlichen‹ Schwelle im Finstern des unbeleuchteten Korridors auf sie lauerte.

Frida Strindberg

... und andere rechtschaffene Frauen

Lehrerinnen

Dreimal wöchentlich ging ich zu Fräulein P., meiner Sprachlehrerin, einer äußerst unattraktiven Frau. Es tat weh, sie anzusehen. Das schlimmste in ihrem Gesicht war der Mund, auf den ich mich konzentrieren mußte, um zu lernen, wie man die A, E, I, O, U und all die Umlaute aussprach. Besonders widerlich war es, sie beim Aussprechen der Konsonanten anzusehen, wobei ihre Zunge gegen ihre alten, gelben, vorstehenden Zähne stieß und Bläschen und Speichel sich in den Winkeln ihrer von harten, dunklen Borsten umgebenen Lippen sammelten. Sie hatte einen großen, weichen Bauch, der auf- und abschaukelte, und um ihr tiefes, »korrektes« Atmen zu demonstrieren, pflegte sie, meine Hände auf ihre Taille zu pressen. Sie stieß mich ab und faszinierte mich zugleich.

Salka Viertel

Fräulein Weise war nicht so; sie war böse und hätte zur Warnung ihrer Schüler auch so heißen sollen. Sie trug Rosa, Rosa zu allen Jahreszeiten, und aus diesem Rosa quoll ein weißer, fettiger Fischkopf wie das weiße

Fleisch aus einem gekochten Hummer. Ihre wäßrigen flachen Augen waren schnell und stechend, und ihr dummer Spott ließ jedes beginnende Interesse an ihrem Geschwafel ersterben. Sie trug auf all diesen rosa Gewändern ein Parteiabzeichen. Sie war unsere Klassenlehrerin und haßte uns alle ausgiebigst.

Hildegard Knef

Abgesehen von ihrem wogenden Busen war Mrs. Johnson alles andere als mütterlich – eine große, dicke Frau, angemalt und aufgeputzt wie ein Zirkuspferd mit ihren wehenden Chiffon-Gewändern und riesigen Modeschmuck-Klunkern: Ohrgehängen, Armbändern, Ringen und Perlen. Ständig wedelte sie mit einem zarten, in Toujours-Moi-Parfüm getränkten Taschentuch. Alles an ihr wippte und schwabbelte, selbst die Tränensäcke unter ihren Augen, wenn sie lachte.

Mary McCarthy

Wer Mademoiselle Henriette unsern Eltern empfohlen hatte, wußten wir nicht, doch davon waren wir überzeugt: Beim Jüngsten Gericht wird er darüber zur Rechenschaft gezogen werden.
In seinem Zorne hatte Gott Mademoiselle Henriette zur Gouvernante geschaffen. Sie war schön und jung; darin bestand die einzige Ähnlichkeit, die sie mit Hélène Hallé hatte. In allem übrigen war sie ihr Widerspiel.
Äußerlich eine mittelgroße, schlanke Brünette, nächtiges Dunkel im Haar, Feuer in den Augen. Innerlich – ein Drache. Eine treue Anhängerin der Moral, die unsere Modernen erfunden zu haben glauben, eine Dienerin der Pflicht »sich auszuleben«. Sehr unwillkürlich

bildeten ihre Zöglinge dabei doch einige Hindernisse, und als solche hat sie uns herzlich gehaßt. Es regnete Strafen.

Marie von Ebner-Eschenbach

Dienstbotinnen

Ich fand Frau Pechler nicht sehr sympathisch und auch nicht sehr tüchtig. Mit einer gewissen Verärgerung hatte ich bei meinem letzten Besuch in Pilsen wahrgenommen, daß die Wohnung verstaubte, verrußte, daß sich in Ecken und Winkeln allerlei Unordnung anhäufte. Doch war das die Sache der Tanten, nicht die meine. Nun, da ich im Oktober 42 nach München zurückkehrte, fanden die beiden alten Frauen, ich bräuchte eine Hilfe, und da auch in München die Arbeitskräfte knapp geworden waren, noch knapper als in Böhmen zweifellos, so schickten sie mir Frau Pechler.

Ich hatte keine große Freude, als sie mir angekündigt wurde. Aber ich widersetzte mich auch nicht. Eines Abends läutete es, ich öffnete. An mir vorbei stürzte Frau Pechler in die Wohnung. – Wo ist die Küche? schrie sie. Ich war überrascht, wollte sie erst begrüßen, in Empfang nehmen, ihr das Zimmer zeigen ... Aber sie hatte schon die Küchentür gefunden, war hineingelaufen, hatte – noch im Laufen – eine Schürze aus ihrer Tasche gezerrt, band sie nun um und machte sich an die Arbeit: ein paar Teller standen da, ein paar Tassen, sie erhitzte Wasser, wischte den Herd, spülte ab, alles so eilig, so schusselig-überstürzt wie möglich, mechanisch, manisch, abschnurrend wie ein aufgezogener Apparat. Mir war nicht wohl zumute.

Frau Pechler blieb. Was ich erwartet hatte von ihrer Tätigkeit, trat ein. Sie brachte mit ihrem Eifer nur Unruhe und Unordnung in meinen Haushalt, die Kinder mochten sie nicht, Rike versteckte sich vor ihr, die Kleine strebte aus ihren Armen. Frau Pechler ließ sich nicht beirren. Sie sauste herum, lief auch manchmal in die Stadt und überraschte mich dann mit allerlei seltsamen Nachrichten: Ein Herr habe ihr Geld angeboten, dafür sollte sie die Tabaktrafik am Marienplatz kaufen oder man habe sie aufgefordert, den Ratskeller zu pachten und derlei mehr. Ich hielt Frau Pechler für eine notorische Lügnerin am Rande der Psychopathie.

Gertrud Fussenegger

Paulas Geschäftigkeit um mich zu haben – von dem Augenblick, da sie mir meinen Morgenkaffee brachte, bis zu dem, da sie mich nach der Vorstellung in meinem Hotelzimmer ablieferte – wurde mir zur Höllenpein. Nach der Einsamkeit, der ich mit ihrer Gegenwart abzuhelfen gehofft hatte, sollte ich mich bald sehnen. Sie überwachte mein Morgenbad mit inquisitorischen Blicken, untersuchte jeden Zentimeter meines Körpers mit schlecht verhehlter Schamlosigkeit und lobte meine Figur auf Kosten der Baronin.

Asta Nielsen

Meine Gefühle Ernestine gegenüber sind schändlich. Aber ich kann es nicht ändern. Ihr Gang, ihr Aussehen, die Art, wie die Nase in ihrem Gesicht steht, ihre unglaubliche Dummheit, ihre Handgelenke – all das stößt mich ab.
Das ist *schlecht.* Denn sie fühlt es, dessen bin ich sicher. Wenn wir miteinander sprechen, errötet sie auf eine Weise, die mir unnatürlich vorkommt. Ich habe das Gefühl, daß ihre Selbstachtung durch meine Gedanken leidet.

Katherine Mansfield

Gusti hat mir gekündigt. Zum zehntenmal, glaube ich. Sie verstehn es, einen zu quälen, die alten Dienstleute, daß sie unumschränkt herrschen, merken sie nicht, sie bilden sich ein unsere Sklaven zu sein und können uns das nicht verzeihen.

Marie von Ebner-Eschenbach

Lektorin

Es ging um die Schreibweise des Wortes *cocoa* – Kakao. Aus unerfindlichen Gründen wurde *cocoa* verlagsintern *coco* buchstabiert – ein völliger Unsinn, wie Euklid gesagt haben würde. Meine erklärte Gegnerin war Miss Howse, der Hausdrachen, der in allen Fragen der Schreibweise das Sagen hatte. *Cocoa,* erklärte sie, würde in allen Büchern des Verlags *coco* geschrieben, das sei die richtige Schreibweise und eine Regel des Hauses. Ich brachte Kakaodosen und sogar Wörterbücher angeschleppt – sie ließ sich nicht überzeugen. *Coco* war die richtige Schreibweise, behauptete sie … Ich erhielt unzählige Briefe, in welchen es hieß: »Ich verstehe nicht, Agatha, warum Sie in Ihrem Buch *coco* schreiben. Aber Sie haben ja nie gut buchstabieren können.«

Agatha Christie

G.

G. hier. Meine Vorstellung von totaler Enttäuschung: eines Tages aufzuwachen und festzustellen, daß die Welt wirklich so beschaffen ist, wie sie zu sein scheint, wenn G. mit mir redet. Alles, was sie in die Finger kriegt, ist plötzlich besudelt, gering, auf ein Hintertreppenniveau gebracht, unglaublich vulgär und irgendwie unzüchtig. Alles versieht sie mit diesem üblen Anstrich, dabei tut sie es mit dem Habitus einer Dame, so daß ich entsetzt bin und ganz krank davon werde.

Anne Morrow Lindbergh

Leopoldine Puthon

Einen gar peinlichen Eindruck hinterließ mir der [Besuch] Leop[oldine] P[uthon]s. Sie hätte mir beinahe ins Gesicht gelacht bei ihrer Frage, ob mein Bild schon im Rathaus ist?

Marie von Ebner-Eschenbach

Lady Angela Forbes

Zu jener Zeit mußte, wie ich schon sagte, der gute Name hilfloser Frauen beschützt werden. Das ging bisweilen nicht ohne Schwierigkeiten ab, was mit dem Verhalten jener Damen zusammenhing.
Zu denen, die diese Art von Obstruktion trieben, gehörte auch Lady Angela Forbes, ein schlimmes Überbleibsel aus der Zeit Edwards VII.
Dieser Plagegeist hatte in Farbe, Gestalt und Umriß, sowie der wirren Behaartheit nach, starke Ähnlichkeit mit einem älteren Gorilla, der eine höchst natürliche erotische Anziehungskraft auf das andere Geschlecht ausübt. In ihrer Autobiographie, die sie unklugerweise veröffentlicht hat, behauptet sie, ich sei »die Verzweiflung einer gutaussehenden Mutter« gewesen und Sacheverell, der damals noch zur Schule ging, ein – ich

weiß nicht mehr, mit welchem Adjektiv sie, für die ein Adjektiv wie das andere war, ihn bedachte – ekelhafter kleiner Junge.

Edith Sitwell

Madame

Ich wünschte, Madame bekäme ein Geschwür in der Nacht, müßte sich am Morgen operieren lassen und wäre vor Sonntagmittag tot und begraben. Sie ist genau wie eine große Kuh in einem schwarzen Seidenkleid – und sie wird *nie, nie, nie* sterben.

Katherine Mansfield

Frauen lesen Frauen

Bettina von Arnim

Goethes Briefwechsel mit einem Kinde

Bettina von Arnim *Goethes Briefwechsel mit einem Kinde*. Schönheiten darin. Feinheiten, Gedanken – aber ich habe keine Lust an den köstlichsten Bissen, wenn sie mir in einem Hexenkessel servirt werden.

Marie von Ebner-Eschenbach

Ingeborg Bachmann

Das dreißigste Jahr

Kein Kriterium der »Erzählung« ist erfüllt: Diese Prosastücke haben keine eigentliche Handlung, keinen Ablauf, keine Charaktere – dies vor allem. Allein das lyrische Ich spricht und stellt sich dar, der ständige formale Rückgriff in den Monolog ist bezeichnend … Die Autorin verspielt ihre bedeutenden Möglichkeiten in vielen Worten, in ermüdenden Alliterationen (»süchtig nach Reinheit und Rache«, – »mit einem schrumpfenden Mund schweigen …«), die Metaphern strömen allzu leicht und unmäßig (für Verzweiflung gibt es bekanntlich alle Metaphern und Assoziationen, sie liegen auf der Straße und sind billig zu haben).

Barbara Bondy

Die Herausforderung ist vollkommen. Die sprachliche Bewältigung dieses ungeheuren Anspruches nicht immer gelungen. Wer so gnadenlos verurteilt, müßte des Sprachlichen vollends mächtig sein. Hier aber: Bestechende Prägnanz steht neben barem Kitsch.

Helga Plischiewski

Malina

Die Bachmann, preziöse Vestalin im Tempel der neuen Literatur, immer noch so sympathisch Klagenfurter Schulmädchengescheitheit verbreitend, was durchaus impliziert »die Prinzessin aus Kagran« zu sein, »die war sehr jung und sehr schön, und sie hatte einen Rappen, auf dem sie allen anderen vorausflog«, hat allerdings ihren Lesern genehmigt, »Malina« als einen ganz gewöhnlichen Roman zu lesen. Erlaubt man sich das, erlaubt man sich, an der breit aufgefächerten Dreiecksgeschichte teilzunehmen, in der dem Ich Malina, wie gesagt, und der Ungar Ivan gegenüberstehen, dann wird das Ganze mit viel Wiener Lokalkolorit überzuckert, von dem auch kein einziger Farbton nicht schon bekannt gewesen wäre oder etwa neu an Strahlkraft gewönne ... Was liegt also auf diesen als Ereignis angekündigten 350 Seiten eines neuen Romans wirklich vor: Träume, Kämpfe, Nostalgien und ein Untergang, sie alle projiziert auf ein Ich. Ach, auf ein sehr weibliches Ich, denn hier ist ein Frauenroman schlechthin anzuzeigen. Der Roman einer Krise, dem man dokumentarischen Rang einräumen möchte, aber nicht kann.

Ilse Leitenberger

Ich habe keineswegs alles verstanden, ich habe immer dort nicht verstanden, wo es konkret sein sollte. Ich verstehe wohl die wahre Inschrift: Leiden. Doch stört mich an diesem Buch eine allgemeine Undurchschaubarkeit, der haut goût DICHTUNG, dies auch Ivan unerwünschte Nachobenziehen von allem und jedem. Dichtungsflair, womöglich etwas oktroyiert, aber auch das weiß ich nicht so genau, fragen wir den »Großen Siegfried«, der weiß es sicher besser.

Gabriele Wohmann

Simultan

Ihre Lyrik ist wohl von erstem Rang, aber sie las eine Geschichte vor, »Simultan«, die etwas von der Mondänität und Mädchenhaftigkeit der Joe Lederer hatte, sehr reizend, aber doch nicht ganz ernst zu nehmen.

Hilde Spiel

Hätte die Bachmann ihr Nixenhaft-Verhuschtes nicht zu bewundernswerter Perfektion stilisiert, man täte sich viel leichter. Man würde ihr eher Ironie zutrauen, auch Witz, man würde ohne den geringsten Genierer diese Erzählungen als brillante Parodien auf hochgelobte ähnliche Hervorbringungen in Magazinen wie »Playboy« und, viel passender, weiland die »Elegante Welt« goutieren. Aber dem steht ja unsere Nobellyrikerin im Weg und »Malina« mit aller in den Roman hineinprojizierten tieferen Bedeutung ... Der Rezensent macht es sich einfach: er las die Erzählungen als »Kampfansagen« der Autorin gegen hochgestochene literarische Ansprüche, er amüsierte sich und sonst gar nichts. Er wird sich vor der Bachmann von nun an in Acht nehmen: sie ist boshaft-ironisch, wie gesagt, mit dem kitschigsten Make-up versehen. Wie man es Damen ja vorschreibt.

Ilse Leitenberger

Selten gewinnt in einer der fünf Erzählungen eine Gestalt so viel Leben, daß sie Teilnahme weckt ... Stellenweise hat man in dem Buch den Eindruck, als sei es der Autorin bei ihren sprachlichen Formulierungen nicht auf besondere Genauigkeit angekommen, als habe Begabung und Routine sie zum Drauflosschreiben verleitet, wobei dann solche Bilder zustande kamen: »... es hing etwas an einem Faden in ihr« oder »eine Hotelhalle, der ihre Kategorie de luxe aus allen Poren kommt«. Der Freund der Dolmetscherin Nadja beliebt zu sagen: »Deutsch, das ist doch schon im Verschwinden!« Selbst, wenn er recht hätte, sollte für einen deutschschreibenden Schriftsteller die Sprache noch etwas Kostbares sein, das er nicht leichtfertig verschwendet.

Maria Müller-Gögler

Simone de Beauvoir

Alles in allem

Lese den letzten Band der Beauvoir-Memoiren und empfinde sie zum erstenmal sehr kühlherzig – nicht durchwegs, nur manchmal bestürzt mich eine Kälte und Distanziertheit, die mir bisher in ihren Büchern nicht aufgefallen war. Das muß das Alter sein – dieses Gefühl, von dem ich letzthin schrieb – dieses Sich-Zurückziehen aus den Emotionen, weil man weiß (oder zu wissen gelernt hat), wie wenig sie bedeuten.

Erika Pluhar

Paola Capriolo

Die Frau aus Stein

Paola Capriolo fügt der Plastikliteratur keine nennenswerten Varianten hinzu. Abgesehen davon, daß die Phantasien, die hier als große Literatur verbraten werden, besonders kindisch und jungmädchenhaft sind.

Karin Fleischanderl

Laurie Colwin

Eine altmodische Liebesgeschichte
und andere sentimentale Stories

Es war camparirot eingeschlagen, der Titel zeigte ein Foto: Die Beine eines sich umarmenden Pärchens, er in Anzug und schwarzen Collegeschuhen, sie im Cocktailkleid, hochhackig, kokett an ihn geschmiegt; auf dem Fußboden eine heruntergefallene rote Rose. Eine Illustration, wie man sie auf Anhieb eher im »Goldenen Blatt« vermuten würde. Wie sich herausstellte, war sie aber von der Grafikerin stilsicher und treffend gewählt. Es handelte sich um »Eine altmodische Liebesgeschichte und andere sentimentale Stories« von Laurie Colwin, einer als Lektorin tätigen US-Amerikanerin, die auch noch short stories schreiben muß.

Sabine Rosenbladt

Eva Demski

Karneval

Aber diesen Roman hat Eva Demski nicht geschrieben. Der, den sie geschrieben hat, siecht just an seiner untauglichen Ich-Erzählerin dahin. Ihr enger, verächtlicher Blick auf die junge Parvenügesellschaft bleibt an der Oberfläche haften, ihre Wahrnehmungen taub. In Wahrheit ist ihre Untersuchung halbherzig, führt ihr Nachdenken nirgendwo anders hin, gerät der Text zum zähen immobilen Sprachgebilde, dessen geschwätzige Deutungssucht und angestrengte Ausführlichkeit Genauigkeit ersetzen sollen.

Sibylle Cramer

Bertha Eckstein-Diener

Die Kegelschnitte Gottes

Aber »Die Kegelschnitte Gottes«, die Deine Biographie als Roman entwickeln, haben mir nicht mehr gefallen. Sie waren mir zu prätentiös, zu affektiert, zu präziös. Da wucherte Dein Stil aus, ins Funzige, ins Funzöse, wie Doderer gesagt hätte.

Dorothea Zeemann

Gisela Elsner

Das Windei

Als gleichförmige Nierentischassoziationen heraufbeschwörendes Sprachamalgam wirkt diese traditionelle Taktik kaum so bissig, wie sie gemeint ist. Zeitlose Biederkeit macht eben doch nicht so richtig wütend.

Susanne Ledanff

Mary Flanagan

Bad Girls

Wahrscheinlich, denke ich, während ich bei Mary Flanagan über »Schlimme Mädchen« (Bad Girls) lese, die ihren Ehemännern zu »Tosca«-Klängen Abflußfrei in die Sauce Velouté rühren, gehöre ich einfach nicht zur marktanalytisch ermittelten Zielgruppe der »neuen frau«. Dies zum Beispiel muß gedacht sein für Hausfrauen mit Abitur, denen Utta Dannella im Bücherregal peinlich wäre, und die ihre Schmonzetten daher lieber im feministischen Schutzumschlag kaufen.

Sabine Rosenbladt

Barbara Frischmuth

Herrin der Tiere

Man nehme: eine Handvoll Tiere, möglichst von der kuschligen Sorte, also Hunde (mit so originellen Namen wie »Werwolf« oder »Drakul«) und Katzen, dazu – denn ein Hauch von Noblesse darf schon sein – Pferde (edel!). Diese durchmische man kräftig, würze dezent mit opportunen Problemen aus Agrarwirtschaft und Pferdehaltung, siedle das Ganze an in einem etwas entlegenen Gestüt, in der »Einöde«, und komplettiere dies Scheinidyll durch einige nicht allzu scharf konturierte menschliche Wesen. Ergeben dürfte solch eine unsägliche Melange – Immenhof läßt grüßen – in 99 Prozent der Fälle das, was man als »Backfischroman« zu bezeichnen pflegt ... So denn: Was lernen wir aus diesem Buch? 1. Pferde riechen. 2. Menschen, die mit Pferden umgehen, riechen auch. 3. Männer lieben frischgewaschenduftendes Haar.

Brigitte Haberer

Eva Heller

Beim nächsten Mann wird alles anders

Daß das Hamburger Herrenmagazin ein Buch gut findet, das unter dem Etikett Feminismus daher kommt (es ist in der Reihe »Die Frau in der Gesellschaft« erschienen), macht stutzig. In der Tat: Der Roman ist zwar streckenweise komisch, aber er ist nie ironisch. Er ist ein typisches Zeitgeistprodukt, das immer nur Oberflächen beschreibt und bereit ist, sich aufs Schnoddrigste über alles und jede zu mokieren. Und das zum Teil auf platteste Art.
Bei Eva Heller haben alle Frauen – ob nun die auf intellektuell gestylte Hauptfigur Constanze oder die geschiedene Psychologin Julia oder die fernsehsüchtige Bibliothekarin Brigitte oder die prominentengeile Zahnarzthelferin Sieglinde oder die kinderwunschschwangere Anna – sie alle haben nichts anderes im Sinn, als sich den Mann fürs Leben zu angeln und: ihm möglichst schnell den Trauring durch die Nase zu ziehen ... In einem trifft der »Spiegel« den Nagel auf den Kopf. Er schreibt: Vom »Stil und Empfinden her« sei das Buch »ein literarisches Pendant zu dem ›Männer‹-Film von Doris Dörrie«. Stimmt. Die Dörrie wie die Heller streuen gerne eine Prise Feminismus in eine Speise, die sich ganz am Gaumen der neuen Männer orientiert. Und beide Heldinnen fahren lieber im Porsche oder Mercedes eines Drei-Tage-Bart-Trägers, statt dem im Vorbeigehen einen PorNO-Aufkleber auf den glänzenden Lack oder den leinen-umspannten Knackarsch zu heften.

Cornelia Filter

Elfriede Jelinek

Die Klavierspielerin

Die Wahrheit ist, daß die Jelinek ganz ausgezeichnet schreiben kann, sie hat nur nichts Wesentliches zu sagen. Schade.

Eleonore Thun

Lust

»Lust« ist eine feministische Attacke auf die Pornographie und eine Obduktion des Genres. Nach der Pornographiedebatte allerdings, die kürzlich in den Medien weit differenzierter geführt wurde, erscheint das Buch in seiner argumentativen Verfassung als arme Nachhut. Daß die Autorin keine poetischen Gewinne macht, daß ihre Tirade keinerlei rhetorischen Ehrgeiz entfaltet, daß diese »Lust« ein unförmiger Klumpen ist, formal eine Katastrophe, liegt gewiß in der Absicht der Autorin und nimmt für das Buch dann doch wieder ein. Das Garstige bleibt garstig. Ob das Häßliche hier freilich seinen Zweck erfüllen kann, nämlich zu provozieren, wage ich zu bezweifeln. Die Zeiten gesellschaftlicher Tabus sind vorbei, die solche Erfolge garantierten.

Sibylle Cramer

Die »Klavierspielerin« hatte noch zu fesseln vermocht … Die Figuren des neuen Anti-Pornos hingegen sind endgültig zu Prototypen mutiert. Zu exemplarischen Ungeheuern.

Eva Kutschera

Warum muß sie es auch allen recht machen, der kommunistischen Partei und dem feministischen Zentralorgan, den Männern sogar und am liebsten der Bundestagspräsidentin. Warum hat sie sich nicht, wie in der »Klavierspielerin«, auf den einen Fall konzentriert, den pathologischen, vielleicht den eigenen? Ein herzerfrischend gemeiner Rundumschlag war dieses Buch, weil die Autorin nichts beweisen wollte. Nun muß sie die Psychologie, zumal die Freudsche, frauenfeindliche, links liegenlassen und ein Exempel statuieren, statt den Endkampf der Geschlechter auszutragen. Und kann gar nicht aufhören mit der unbefriedigenden Bilderorgie. Die Stimme der Unterdrückten muß sich die Ohnmacht der Frauen herbeireden. Und straft sich damit selber Lügen, weil sie sich vor allem ihre Souveränität beweisen muß ... Aber vielleicht hat sie nur unter Ironie die Mißlaute der »Lust« ersticken wollen, dieses Schimpfwerks, das kein Roman ist und zu romanhaft für ein Traktat, keine Satire, doch fast ein Rückfall in den Mythos und ganz und gar rechthaberisch. So oder so, der Bastard ist nicht zu retten.

Annette Meyhöfer

Wenn, so bleibt zu vermuten, die Autorin an die sozialkritischen Klischees glaubt, so mögen ihr auch die feministischen Übertreibungen Wahrheit sein. Das ästhetische Spiel ist nicht nur nicht gelungen, es war nicht einmal gewollt, und Aufklärung war das Ziel des Buches. Vergewaltigung als Weltzustand bleibt aber dennoch eine Fiktion, und die einzig wirkliche Vergewaltigung, die da stattfand, scheint die gewesen zu sein, die sich die Autorin selbst zugemutet hat bei der Niederschrift ihrer verquälten Sätze.

Hannelore Schlaffer

Jenseits einer allseits geschäftstüchtigen Gesamtvermarktung von Autorin und Werk (in dieser Reihenfolge) hat Elfriede Jelinek durch ihr Scheitern die Unmöglichkeit einer derartigen Sprachschöpfung deutlich gemacht: Pornographie ist – auch das ist eine Lesart – nicht mehr und nicht weniger als die Beschreibung von Sexualität, genauer: die der Inszenierung von Sexualität.

Ingrid Klein

Die Kinder der Toten

Taumelnd zwischen moralischer All- und poetischer Ohnmacht, zwischen austrizistischem Starrsinn und sprachlicher Beliebigkeit, expediert Elfriede Jelinek ihr Über-Buch an den Nullpunkt der österreichischen Gegenwartsliteratur. Dahin, wo aus Unsinn nicht mehr Sinn, aus dem Sprachexperiment keine Kunst und aus der allesfressenden literarischen Vernichtungsmaschine kein Roman zu machen ist. Null mal null bleibt null und das große österreichische Gesamtkunstwerk ein gigantisches Leerstück.

Iris Radisch

Katja Lange-Müller

Wehleid – wie im Leben

Die psalmodierende, wenn auch – wie meist bei Debüts – nicht ganz unangestrengt formulierte Geschichte einer doppeldeutschen Hirn-Herz-Zerrissenheit endet mit der (ach so deutschen) Sehnsucht nach: »Schlafen und nicht mehr aufwachen, träumen und nie mehr aufhören zu träumen, von Deutschland.«

Cornelia Köster

Mary Lavater-Sloman

Katharina und die russische Seele

Ich bin eine Dichterin, ja, das weiß ich; aber eine Schriftstellerin möchte ich niemals sein. Vati hat kürzlich von seinem Bekannten, der mit Mary L. [Lavater-Sloman] befreundet ist, eins ihrer Schreiben zugesandt erhalten. Sie berichtet darin u. a. über den Abschluß ihrer Katharina-Biographie, sagt, daß sie das Ende schrieb, während der Anfang schon gedruckt wurde. Ich darf nicht behaupten, daß ein so verfaßtes Buch wenig taugen könnte; denn ich kenne es nicht; aber ich bin doch ein bißchen vor den Kopf gestoßen von dem, was ich einen Mangel an Ehrfurcht vor dem eigenen Werk nennen möchte. Es nicht nach dem Schlußstrich als ein Ganzes, wenn auch für kurze Zeit, noch einmal beisammen zu haben, es als ein Ganzes noch einmal von vorn bis hinten zu lesen, eh' der Verleger es erhält! Das wochen- und monatelange Ruhenlassen, das ich für ein Manuskript richtig finde und meinen eigenen auch gönne, verlang' ich ja gar nicht einmal … Aber was sie erzählt … daß sie beim Fortschreiten der Arbeit die fertigen Seiten schon nach und nach immer in Druck gab, während sie noch an den folgenden saß … das mutet mich an wie Fabrikbetrieb … am laufenden Bande … […] Sie schafft für die Zeit und ich versuche, wahrscheinlich mit unzulänglicher Kraft, für die Ewigkeit zu schaffen. Sie hat jedenfalls Erfolg und ich – – Nun, er ist mir nicht wichtig genug, wesentlich ist anderes.

Gertrud Kolmar

Katherine Mansfield

Bliss

Ich warf Bliss hin mit dem Ausruf, »Sie ist erledigt!« In der Tat weiß ich nicht, wieviel Vertrauen in sie als Frau oder Schriftstellerin diese Art von Geschichte überleben kann. Ich muß, fürchte ich, die Tatsache akzeptieren, daß ihr Geist eine sehr dünne Krume ist, ein oder zwei Zoll tief über sehr unfruchtbarem Fels. Denn Bliss ist lang genug, um ihr die Möglichkeit zu geben, tiefer zu gehen. Stattdessen begnügt sie sich mit oberflächlicher Gescheitheit; & die ganze Konzeption ist armselig, billig, keineswegs die Vision, wie unvollkommen auch immer, eines interessanten Geistes. Sie schreibt auch noch schlecht. Und die Wirkung war die, wie gesagt, daß ich einen Eindruck bekam von ihrer Abgestumpftheit & Härte als Mensch. Ich werde es noch einmal lesen; aber ich vermute nicht, daß ich meine Meinung ändere. Sie wird fortfahren, diese Art von Sachen zu machen, völlig zu ihrer eigenen & Murrys Zufriedenheit. Ich bin jetzt erleichtert, daß sie nicht gekommen sind. Oder ist es absurd, diese ganze persönliche Kritik an ihr in eine Geschichte hineinzulesen?

Virginia Woolf

Mary McCarthy

Die Clique

Die Clique, ihr wohl berühmtester (ebenfalls autobiographischer) Roman, der dort einsetzt, wo der erste Band ihrer Memoiren aufhört, liest sich denn auch als linear gebaute, triviale Klatschgeschichte ohne besondere formale Ansprüche ... Wer daran interessiert ist, welcher Mann aus Mary McCarthys Freundeskreis impotent war, lese ihre Erinnerungen, wen es interessiert, welche ihrer ausführlich beschriebenen und beim Namen genannten Freundinnen einen klitoralen und welche einen vaginalen Orgasmus bekamen, lese in der *Clique* weiter.

Karin Fleischanderl

Anja Meulenbelt
Ich wollte nur dein Bestes

Besonders groß war Anja Meulenbelts Wortschatz noch nie. Doch ist das Grund genug, andauernd mit dem Wörtchen »ich« hausieren zu gehen? ... Als nächstes Objekt Meulenbeltschen Erzähldranges ist vermutlich die Großmutter dran. Ich gehe jede Wette ein, daß die Leserin des neuen Meulenbelt-Romans bereits den Inhalt ihres nächsten kennt, bevor er überhaupt geschrieben wurde.

Ingrid Strobl

Libuše Moníková
Treibeis

Die Integration des Geschichtsverlaufs durch die Liebenden um die Verklammerung von nationaler und personaler Identifizierung macht die Figuren zu nationalen Bauchrednern und Ideologen einer durchgestrichenen Heilsgeschichte. Die Autorin gerät in einen Spagat zwischen historischer und poetischer Geschichtsschreibung, zwischen Volkshochschulkurs und

Romanze ... Es bleibt bei einem ins Detail ausgearbeiteten Lexikonartikel über die Geschichte der Tschechoslowakei im 20. Jahrhundert.

Sibylle Cramer

Angela Praesent

»neue frau«

Feministische Courths-Mahler – ist es das, was die befreite Frau von heute lesen will? Entspannen sich Rote Zoras nach Feierabend ganz gern in der Gartenlaube? Halten wir fest: Rowohlts »neue frau« ist eine ungemein erfolgreiche, auf dem Buchmarkt etablierte Reihe. Seit nunmehr zehn Jahren legt uns Rowohlt-Lektorin Dr. Angela Praesent Monat für Monat ein neues resedagrünes, puderblaues, magenta-, mauve- oder primelfarbenes Bändchen in den Schoß. 120 sind es bisher, mit beachtlichen Auflagen. Im Editorial hieß es früher, es ginge um »erzählende Texte aus den Literaturen aller Länder, deren Thema die konkrete sinnliche und emotionale Erfahrung von Frauen und ihre Suche nach einem selbstbestimmten Leben ist.« Erfahrung von Frauen – ein großer Hut, unter den Christa Wolfs »Kassandra« ebenso passen würde wie Erna Brombecks »Nur der Pudding hört mein Seufzen«.

Sabine Rosenbladt

Johanna Schopenhauer

Gabriele

Gabriele hat mich auch nicht sehr angesprochen, und die Reisen der Verfasserin mich vielmehr interessiert.

Es scheint wie Sie sagen, die Frau hat nicht Tiefe des Gefühls genug, sie reizt sich auf dazu; so wie sie sich zu lebhaften Phantasiegemälden, zu ergreifenden Schilderungen des geselligen Lebens und Zusammenseins, und blendenden Bildern, wie sie der Frau von Fouqué so vorzugsweise gelingen – nach meinem Gefühle vergeblich aufschwingt.

Karoline Pichler an Therese Huber

Sie haben mein innerstes Gefühl ausgesprochen als sie *Gabrielen* ein wenig von dem Nimbus, womit die Recensenten sie bekleideten, entblößten, mich dünkt es lächerlich, sie mit der *Corinne* zu vergleichen – sie steht tief unter ihr, auch ist die Sensation, welche sie in Wien machte, nicht sehr groß.

Therese Huber an Karoline Pichler

Brigitte Schwaiger
Wie kommt das Salz ins Meer

Alles wird zwar mitunter reizvoll, aber vordergründig plakativ angeleuchtet. Nur selten erhalten Personen differenziertere Züge, werden Zusammenhänge sichtbar oder Situationen plastisch wie etwa in der Passage über die Einschläferung des Hundes, der Abtreibung oder der plötzlich wieder aufflammenden Zärtlichkeit nach der Scheidung. Zu vieles bleibt platt, banal und konturlos in diesem Buch, zuwenig Fragen werden gestellt. Doch es ist ein Erstling, vielleicht geht Brigitte Schwaiger demnächst weiter.

Karin Kathrein

Mein spanisches Dorf

So werden ihre Kindheits- und Jugenderinnerungen doch mitunter zu einer Banalitätenparade mit all den Schaustücken, die man aus den verschiedensten Memoiren kennt. Ob für die kleine Gitti das Fegefeuer »so mit vielen Besen und einem leichten Feuer« zu tun hat oder die Unkeuschheit »so etwas Nasses mit einer Bürste vielleicht, und Scheuern, und in einem Trog« ist, erscheint dann noch viel uninteressanter als ähnliche Erinnerungen der Schauspielerin Y oder des Regisseurs Z und hat mit Literatur nicht mehr viel zu tun.

Karin Kathrein

Wer solche Sätze schreibt, dem sollte der Literaturbetrieb eigentlich eine Ruhepause gönnen. Bücher, die Bestand haben wollen, lassen sich nicht zum Saisonbeginn »produzieren«.

Krista Hauser

Liebesversuche

Na ja, sie hat fleißig konstruiert, fleißig »Milieu« studiert und fleißig nachgeschaut, was ihre bekannten Kollegen, angefangen vom frühen Edward Bond über Wolfi Bauer, Peter Turrini und Franz Xaver Kroetz in den letzten fünfzehn Jahren alles auf die Bühne brachten. Ein bißchen »Magic Afternoon«, ein bißchen »Gerettet«, auch die »Rozznjagd« und »Oberösterreich« sind in der Nähe. Nur: jeder für sich hatte zu einem bestimmten Zeitpunkt etwas mit diesen Stücken auszusagen, und ihr starker Realitätsbezug zeigt, wie sehr sich die Autoren von der Aktualität abhängig machten. Vieles ist jetzt eben abgestanden, warum also noch ein schwacher Abklatsch, ein müder Nachzügler? Damit Brigitte Schwaiger üben kann? Hoffentlich fällt ihr bei der Paukerei mit der Zeit etwas eigenes ein. Das Wiener Küchenstück, das die Schwaiger zusammenbastelte, unterscheidet sich in einem Punkt doch von ihren Vorbildern: der Courths-Mahler-Effekt ist bei den anderen nicht auszumachen. Man könnte die Geschichte auch in einem Heftchen-Roman entdecken, Rührseligkeit selbstverständlich inbegriffen.

Inge Rauh

Der Himmel ist süß

Außer ihren Erinnerungen mit ihrer kostbaren, bemitleidenswerten Person im Mittelpunkt weiß sie nichts zu gestalten ... Nachdem sie sich über ihre gescheiterte Ehe, über ihre Vaterbeziehung und anderes Selbsterlebtes klagend gebeugt hat, ihre früheste Kindheit mitleidheischend jetzt aufbereitet, bleibt außer dem embryonalen Stadium nicht mehr viel übrig.

Eleonore Thun

Verena Stefan

Häutungen

Haben wir uns das wirklich angetan? Jawohl, Mitte der 70er Jahre, in zigtausendfacher Auflage und mit perversem Vergnügen. Wie grauenhaft mühsam müssen die ersten Denk- und Gehversuche gewesen sein, wenn wir noch nicht einmal das Gefühl hatten, uns mit diesen verhärmten 128 Seiten zu quälen. Wenn wir wie erleuchtet waren von Sätzen wie: »dies ist nicht meine welt. ich will keine gleichberechtigung in dieser welt. ich will neben keines mannes brutalität und verkümmerung gleichberechtigt stehen.«

Bascha Mika

Karin Struck

Klassenliebe

Die Verfasserin schreibt alles nieder, wie es kommt. Sie reagiert auf Außenreize, wie die Fachleute dergleichen nennen, läßt sich ablenken und läßt sich treiben und steuert dann wieder ihre Lieblingsgegenstände an. Ihr tut das höchstwahrscheinlich gut. Und auch ein – allerdings recht ausgesuchtes – Publikum wüßte vielleicht die Ungezwungenheit zu schätzen, den forschen Themen- und Schauplatzwechsel, wenn die Autorin dieses Publikum ein bißchen weniger verachtet. Spricht Karins Vater? Oder ihr Bruder? Zitiert sie aus einem Roman? Und aus welchem? Müssen wir den Burschen kennen, der da etwas über Freud »sagt«? Wenn nur Frau Struck weiß, worüber sie redet! Ob wir bei der »Identitätssuche« auch folgen können, ist ihr doch egal.

Christa Rotzoll

Bertha von Suttner

Die Waffen nieder

Ein Buch von so voll ehrlicher Überzeugung und Talent und oft wirklicher Beredsamkeit, und oft ganz dicht daneben kleine Orgien der Geschmacklosigkeit und des schlechten Tons, nicht nur gesellschaftlich schlechter.

Marie von Ebner-Eschenbach

Susanna Tamaro
Geh, wohin dein Herz dich trägt

Dieses Gerüst macht nicht nur in der Zusammenfassung einen klapprigen Eindruck. Ohnedies dient es vor allem als Aufhänger für die An- und Einsichten der Weisheitslehrerin Olga, deren Metaphern mit schöner Penetranz dem Leben zwischen Kochtopf und Gemüsegärtchen entspringen, für ihre Erinnerungen, die sie der fernen Enkelin und uns allen präsentiert, ohne einen Gemeinplatz der Alltagspsychologie auszulassen ... Susanna Tamaros Buch trifft mit großer Wahrscheinlichkeit den Zeitgeist an seiner weichen Stelle. Ein Roman ist es nicht.

Julia Schröder

Ja, vor lauter Mimikry an der Oma scheint die Autorin plötzlich senil, ein ergrauter Zwerg: Ihre Altklugheit grenzt an Altersschwachsinn. Wenn es heißt: »Ich war damals noch sehr naiv, wußte nichts vom unaufhörlichen Wirken des Schicksals«, so wünscht man, die Autorin wäre nie zu dieser Überreife gelangt, die ihr nun in unaufhörlichen Plattheiten aus der Feder tropft. Das Erfolgsrezept dieses Kassenschlagers jedenfalls läßt sich in einem Brechtschen Vergleich formulieren: »Was an dir Berg war / Haben sie geschleift / Und dein Tal / Schüttete man zu / Über dich führt / Ein bequemer Weg«.

Dorothea Dieckmann

Kein Herz trägt in diesem Roman irgendwohin außer in den Schlamassel, und prompt fühlten sich die italienischen Leserinnen wärmstens verstanden – heute, 1995. Spotte da, wer will, eine Million verkaufter Exemplare ist keine Kleinigkeit. Mich hat es schließlich gefröstelt vor soviel ironieloser Innigkeit, die weder ästhetisch noch politisch noch sozial einen Weg offen sieht. Und einfach nur noch nett zu den Frauen ist. Das Buch wird auch hier ein Kassenerfolg werden: Eben deswegen.

Elisabeth von Thadden

Birgit Vanderbeke

Das Muschelessen

Mit der Figur des Vaters entsteht das Bild eines banalen Menschen in Überlebensgröße. Für die finstere Komik dieses Sachverhalts ist der Text ebenso blind wie für den heimlichen Skandal, den ihre Beschreibung eines totalitären Systems enthält, ohne ihn benennen zu wollen: die Mitarbeit der Unterdrückten an ihrer Unterdrückung. Den Beitrag der Mutter als Opfer und Komplizin der väterlichen Gewalt verbrämt die Autorin als Harmoniebedürfnis, das sie offenbar als geschlechtsspezifisches Merkmal des Weiblichen verstanden wissen will. Im gleichen Zusammenhang taucht die musische Orientierung der Mutter auf und vis à vis, unter freilich ironischer Beleuchtung, die Machtgebärde männlicher Logik. Das sind die von der Autorin keineswegs genau durchforsteten Nebelgegenden alter Geschlechtsmythologien.

Sibylle Cramer

Gabriele Wohmann

Der Flötenton

Über 480 Seiten monologisiert und dialogisiert es vor sich hin, wobei das moderne Vermeiden der Anführungszeichen bei den Dialogen nicht darüber hinwegtäuscht, daß die Autorin damit Schwierigkeiten hat. Wie holperig klingt das Umgangssprachliche! Wie peinlich diese trivialen »ha, has«, die den Personen in den Mund geschrieben wurden. Wie ermüdend die vielen »dochs« und »nurs« und »sos« und »nichts« und »ja, jas«.

Maria Neef-Uthoff

Dorothea Zeemann

Reise mit Ernst

Zeemann, diese wache, pfiffige Zeitgenossin mit dem Hang zu erbarmungsloser Indiskretion, der schon so manchen Medienrummel ausgelöst hat, liefert einen neuen, publikumswirksamen Beweis ihrer Dynamik. Ihre Marktnische heißt Sexualität und Erotik im Alter. Sie hat dieses Pferd schon mehrmals gesattelt, mit nicht immer überzeugender literarischer Qualität, aber sie genießt den Bonus der exotischen Nonkonformistin, die sich kein Blatt vor den Mund nimmt.

Renate Rossow

Auch die Feministinnen bekommen ihr Teil ab. Denn obgleich sie die unverblümteste Männerentlarverin ist, behält sie sich vor – in ausgewählten Fällen –, eine Männerfreundin zu sein, und gleichermaßen eine Frauenfreundin.

Kyra Stromberg

Streit in der Frauenbewegung

Frauenbewegung – wohin, wozu?

Es ist immer wieder festgestellt und gelegentlich auch bedauert worden, daß die Frauenbewegung ›in zwei Teile zerfalle‹ – in einen mehr politisch orientierten, der das alte Emanzipationsprogramm geerbt habe, auf Chancengleichheit aus sei und pragmatische Lösungen favorisiere *und* in einen um kulturhistorische Identitätssuche bemühten, dem Gleichheit nicht genüge, dem es gerade um das Besondere, das ›Weibliche‹ gehe und dem an kurzfristigen Erfolgen nicht so viel liege. Je nach Standort wurde dann polemisiert: Die ehrgeizigen Emanzen seien nichts als Karrierefrauen, sie muteten ihresgleichen zu, in einer männlich bestimmten unersprießlichen Konkurrenz ihre besseren Anlagen zu vergeuden bzw. umgekehrt: Frauen, die sich gerade um Weiblichkeit als Spezifikum bemühten, verfielen einem reaktionären Obskurantismus, der es den Sexisten leicht mache, die Sache der Frauen insgesamt abzuqualifizieren. So oder so ähnlich schwelt der Streit auch jetzt vor sich hin – was soll man zu ihm sagen?

Barbara Sichtermann

So abgrundtief war der Haß der bürgerlichen Frauenrechtlerinnen auf mich, daß Anna Filossofowa (die Mutter des Schriftstellers D. Filossofow), in der Frauenbewegung eine namhafte Persönlichkeit, nachdem ich sie einmal geschäftehalber hatte aufsuchen müssen, anschließend in allen Zimmerecken das Kreuz geschlagen haben soll, um meinen »bösen« revolutionären Geist auszutreiben.

Alexandra Kollontai

Auf einer Lesung in einer Berliner Buchhandlung bin ich mit etwas zusammengestoßen, das man feministischen Mob nennen kann – Auftritt: rudelweise, Absicht: stören. In der letzten »Emma« heißt es »Katharina Rutschky, die die Täter verteidigt, arbeitet für Geld. Sie verdient am sexuellen Mißbrauch. Sie tingelt wieder, denn ihr Buch kommt gut an.« Soll man da einen Anwalt einschalten? Nein, ich kann mich nicht mit Lappalien aufhalten.

Katharina Rutschky

Über die Auswüchse kann man nur lächeln. Mir kommen sie überholt vor, weil ich aus meiner Jugend weiß, daß man sich in einer Männergesellschaft durchsetzen kann durch Qualität, Fleiß und Disziplin. Ich hatte bei diesen Feministinnen manchmal das Gefühl, sie verbrächten ihre Zeit damit, für etwas zu kämpfen, was andere stillschweigend längst getan und erreicht hatten. Ich fand das ein bißchen überspannt, von einer Radikalität, die sich dann wieder selbst aufgehoben hat. Doch ich möchte nicht allzu viel Abfälliges sagen. Im Prinzip würde ich alles unterstützen, was dazu dient, die finanzielle Gleichstellung der Frauen zu erkämpfen. Aber die Extreme, in die man verfällt, wo man nur noch lesbische Haushalte hat mit irgendwelchen Kindern, die man sich von irgendeinem vorübergehenden Mann machen läßt, und daß man das dann als Lebensform propagiert, die für alle gelten soll, da kann ich nicht recht mitkommen. Ich sehe auch keinen Grund, warum ich das tun sollte.

Hilde Spiel

Die Suffragetten und die anderen engagierten Frauen haben nie etwas daran geändert: Ihre Schwestern verlieren sich wieder, tändeln herum, wollen gefallen, verbringen die meiste Zeit mit Frisieren, Schminken, Schaufensterbummeln. Ihnen fehlt die wilde männliche Entschlossenheit, der Unternehmungsgeist, der Eroberungstrieb. Das gilt nicht nur für den Schriftsteller, Politiker und Industriellen, sondern auch für den Bergmann, der in den Fels eindringt, den Bauern, der das Erdreich pflügt. Die Ehefrau schürt das Feuer, besorgt den Hühnerhof. Ihr fehlt die körperliche Kraft, vor allem aber die Fähigkeit, sich zu konzentrieren.
Vom nicht vorhandenen Mut gar nicht zu reden. Diese schwachen Kreaturen haben Angst vor einem Türenknarren, vor dem Dachboden und vor dem Keller. In der Nacht allein draußen zu sein ist eine große Geschichte. Sie sind von der Angst vor Gewalt besessen.
Manche Männer beuten ihre »bessere Hälfte« aus, aber wie viele Ehefrauen beuten ihren Mann aus und verachten ihn obendrein? Ich für mein Teil habe nie unter meinem Los gelitten. Im Gegenteil, meine Weiblichkeit hat mir ermöglicht, das Leben voll auszukosten. Yvan spülte das Geschirr und ging einkaufen, wenn wir nicht in der Lage waren, eine Köchin zu bezahlen.

Claire Goll

Daß solche Witze frauenfeindlich sind, ist nach 14 Jahren Frauenbewegung fürwahr ein alter Hut. Aber daß in der verächtlichen Herabsetzung zugleich ein »aufklärerisches Moment« stecke – auf diese pikante Idee ist erstmals Frigga Haug, Redakteurin der linken Zeitschrift *Das Argument,* gekommen.

Lottemi Doormann

Zum einen ist der Feminismus heute ideologisch völlig überfrachtet. Er ist zu einer Checkliste von Erwartungen geworden: Du kannst keine Feministin sein, wenn du nicht links bist oder wenn du lange Haare hast – that's a *joke*! Diese Checkliste schließt die Mehrheit der Frauen aus, konservative zum Beispiel. Ein zweiter Grund ist, daß in den achtziger Jahren Schlagworte kursierten wie: Jeder Sex mit einem Mann ist Vergewaltigung. Der Penis ist der Feind. – Diese Ideologie läuft den Erfahrungen unzähliger Frauen und Männer zuwider, die versuchen, in sexuellen Beziehungen miteinander zu leben! Das heißt nicht, daß wir nicht über patriarchalische Strukturen nachdenken sollten. Frauen wollen einen Feminismus, der gegen Vergewaltigung ist, gegen sexuelle Bevormundung – ohne deshalb die Männer zu hassen.

Naomi Wolf

Ich habe beobachtet, wie Bewegungsfrauen ihre Männer behandeln. Wie Dreck.

Kate Millett

Gloria Steinem oder all die anderen berühmten Feministinnen dieser Zeit – die bekämpfe ich. Es gibt ein richtiges Establishment im Feminismus. Jede Revolution etabliert sich, verfestigt sich, wird zur Einrichtung.

Da muß sich sofort eine Gegen-Revolution formieren. Wie Martin Luther, der gegen die katholische Kirche kämpfte. Ich bin Reformerin ... Es ist symptomatisch für die Probleme des Feminismus, daß meine Kritik an seiner Rhetorik und seinem Extremismus verdonnert wird: Ins Gulag mit ihr, fordert die harte Front. Bringt sie zum Schweigen. Sie ist gefährlich. Theresa von Avila kämpfte allein gegen die katholischen Klöster, den Papst, die Bischöfe. Sie gab nicht auf. Wie andere Reformer auch. Feminismus ist keine Religion – aber er wird momentan wie ein Kult behandelt. Jede Stimme dagegen wird zum Schweigen gebracht. Ob von einem Mann oder einer Frau ... Die Macht der Feministinnen ist eine Pest. Und keiner traut sich, ihnen zu widersprechen. Man wird sofort angegriffen als Chauvinist, Konservativer et cetera. Sie dulden keinen Widerspruch. In Amerika stellte eine Untersuchung gerade fest, daß sich 85 Prozent der jungen Frauen nicht mit dem Wort Feminismus identifizieren. Ich finde das toll. Das feministische Establishment regt sich darüber auf. Der Feminismus ist doch nur noch eine Dinosaurier-Debatte.

Camille Paglia

Frauen sind, keine Frage, doch die besseren Männer. Sogar Macho-Posen sehen bei Frauen einfach schöner aus. Vor allem, wenn sie auf hohen, schwarzen Pumps dargeboten werden. »Frauen gebären. Männer sind kreativ. Der Mann hat mehr Verstand.« Das sind Thesen von Camille Paglia, wortreich ausgebreitet auf einmal 855 und einmal 500 Seiten. Neun Jahre lang suchte die Professorin aus Philadelphia einen Verleger für »Sexual Personae«, ihren ziemlich hirnlastigen Streifzug durch die Sexual- und Kulturgeschichte. Aber erst, als sie in Interviews ihre durchaus komplizierten Analysen zu simplen Parolen vereinfachte, ging der Medienzirkus los: Nur Frauen, die vergewaltigt werden wollen, werden auch wirklich vergewaltigt – so lautet ihre Botschaft … Und dabei wirkt Madame de Sade mit ihrem kurzen seitengescheitelten Grauhaar, in ihrem schwarzen Beerdigungs-Kostüm so seriös wie die kleine Schwester von Rita Süßmuth.

Michaela Haas

Es heißt, sie [Camille Paglia] sei ein Shooting-Star der intellektuellen Öffentlichkeit. Und wahrhaftig, sie ballert, daß es nur so knallt. Und wenn sie uns mit ihren Satz- und Thesengeschossen fast betäubt hat, legt sie noch eins drauf. Das Dauerbombardement wird immer großkalibriger, immer fundamentalistischer und – immer monotoner. Am Schluß können wir nur noch zwei Sorten von repetierten Einschlägen unterscheiden, und die hat sie uns schon in ihrem Eröffnungs- oder besser Präventivschlag mitgeteilt: Die Frau ist Naturschleim. Bumm! Der Mann formt Kunst. Bumm! … Und reden kann sie! Doch offenbar steht das Reden nur ihr zu. Ansonsten hält die Blickverfallene die Sprache in der Literatur für »weit überschätzt«. Darauf muß man erst mal kommen.

Christel Dormagen

Schon wahr, »es laufen zu viele doofe, unreife, vor Selbstmitleid wie ein Butterkloß hinschmelzende Frauen herum«. Doch wen interessiert das? Man muß schon Camille Paglia heißen, um seinen Geschmacks- und Vorurteilen lauthals mediale Weihen zu verleihen. Die amerikanische Kulturanthropologin, laut eigener Aussage Protégée »des kulturellen Wechsels, der am Ende dieses Jahrtausends vor sich geht«, kann derzeit offensichtlich sagen, was sie will – es wird gedruckt

und unters Volk gebracht. Nach ihrem Tausend-Seiten-Hit über die »Masken der Sexualität«, mit dem die streitbare Antifeministin auch in unseren Breiten zum Medien-Darling avancierte, hat der Verlag nun flugs eine Sammlung Artikel, Polemiken und Provokatiönchen hinterhergeschickt, rund zwei Dutzend Aufsätze, die in den letzten zwei Jahren in amerikanischen Publikationsorganen erschienen sind.
Doch was da unter den Stichworten »Sex, Kunst und Medienkultur in den USA« als Abhandlung über die heilige Dreifaltigkeit des American Way of Life firmiert, ist nichts als die Mogelpackung für ein unverblümtes Selbstdarstellungsbrevier.

Andrea Köhler

Knapp zwanzig Jahre nach ihrer Streitschrift wider den »Weiblichkeitswahn« – jenes Traumbild von der amerikanischen Vororthausfrau, die ihre »weibliche Erfüllung« in der Sorge um Mann, Kinder und Eigenheim findet – spürt die »Mutter der US-Frauenbewegung« [Betty Friedan] ein neues »Problem ohne Namen« auf: den »feministischen Wahn«, den sie als bloße Umkehrung des »Weiblichkeitswahns« diagnostiziert. Die Töchter der feministischen Pionierinnen hätten lediglich den Schwerpunkt von Heim und Familie auf Arbeit und Karriere verlagert und so die eine Reduktion auf ein halbes Leben gegen eine andere getauscht. Den »Women'sLib«-Agitatorinnen wirft sie ihre »extremistische sexualpolitische Rhetorik« vor, die in Wirklichkeit nichts verändert habe, weil sie für ökonomische und politische Bedingungen der Gleichberechtigung blind gewesen seien.

Lottemi Doormann

Möglicherweise hat der Erfolg solcher Bücher etwas mit dem derzeitigen Zustand der Frauenbewegung selbst zu tun. Wo sich eine CDU-Ministerin namens Rita Süßmuth als Ober-Feministin profilieren kann, während ehemalige KPDlerinnen bei den Grünen Müttermanifeste unterzeichnen, da muß irgend etwas ganz gefährlich schiefgelaufen sein.

Sabine Rosenbladt

Mit *diesen* Frauen ist wirklich kein Staat zu machen oder, nein, andersrum: Mit denen ist bestenfalls ein Staat zu machen. Aber keine Politik! Bloß den Arsch nicht hochkriegen aus dem gemütlichen kleinen Frauenprojektnestlein, bloß die Schwingen zugeklappt lassen, sie könnten ein Beulchen abkriegen. Aber dabeigewesen sein. Dabeisein ist alles. Und macht sich schmuck in all den Kistchen und Kästchen von *herstory*-Archiven!

Pieke Biermann

Vor Jahren schrieb ich ein kleines Buch mit dem Titel *Von Männern und Frauen.* So sehr hat sich das öffentliche Leben in Amerika verändert, daß das Buch zwar im Prinzip, was die Grundlagen der Beziehungen zwischen Männern und Frauen in den Vereinigten Staaten betrifft, richtig bleibt, nicht aber im einzelnen: die Frauen sind heute anders als damals. Die jetzige Generation junger Frauen, die Töchter der Mütter, über die ich damals schrieb, sind keine »dynamischen Frauen«, wie ich ihre Mütter nannte. Sie sind wieder altmodisch – fast sind sie wieder dort angelangt, wo ihre Urgroßmütter standen. Sie wollen heiraten, sich von ihren Männern erhalten lassen, Kinder haben und nichts mehr außerhalb des Hauses tun. Sie müssen allerdings manchmal außerhalb des Hauses arbeiten, aber sie haben selten Freude daran. Sie scheinen jetzt nach einer Entschuldigung zu suchen, nach einem moralischen Motiv, alle außerhäuslichen Interessen aufzugeben. Um diesen Grund zu haben, wollen sie eine große Familie; sie verkünden ganz offen, daß sie nur außer Hause arbeiten, weil sie müssen. Ein Mädchen schämt sich nicht mehr vor dem Geständnis, daß sie heiraten möchte, sie wertet jeden Mann, ob er verheiratet ist oder nicht, nur nach dem Gesichtspunkt, ob er für sie in Betracht kommt oder nicht … Mittlerweile tun mir die heutigen Frauen leid, die heiraten wollen, aber nicht dazu imstande sind. Ihre Mütter waren mit Dynamit geladen und sprengten ihre Küchen – und siehe da, ihre Töchter möchten heute wieder hinein.

Pearl S. Buck

Die Reformistinnen nisten sich ihr Nest und Puppenheim am Rande des weiten Mantels der Tendenzwende in geschäftigem Vereinswesen. Stets die Grenzen vor Augen, perpetuieren sie Ordnung, Hierarchie, Delegation von Verantwortung, das jeweils herrschende Vereinsrecht im Kopf und Streß im Magen. Ihnen strukturell fatal verwandt und doch meist verfeindet sind die Urmütter der Bewegung, die leibseienden, mondphasenrhythmischen, fruchtbaren, erdnahen, instinktbewahrthabenden Wahrsagerinnen aus dem Menstruationsblut. Sie fixieren die Geschlechterdifferenz auf ihre akuten Ausprägungen, identifizieren sich mit den diffamierenden Zuschreibungen, ohne je deren Bedingtheit zu hinterfragen. Das Urweib erhebt sich aus dem Schlamm, die Frau als primär, a priori, per se Mutter.

Ingrid Strobl

Warum pflegen die aktivsten und artikulationsfähigsten Feministinnen – in der Regel nicht anders als in den USA Angehörige der Mittelschicht und akademisch ausgebildet – vorzüglich die Idee einer unterdrückten Klasse, einer weiblichen Leidensgemeinschaft anzugehören, die sich zunehmend regressiv der schützenden Staatsmacht anvertraut und als Helfer zur Verfügung stellt? ... Es beschweren sich Frauen, die es eigentlich schon weit gebracht haben und die dennoch tief unzufrieden sind. Hinter einer kämpferischen Fassade verstecken sich Reaktionen tiefer Desillusionierung.

Katharina Rutschky

Schief wird es immer nur dann, wenn »weibliche Ästhetik« und »weibliche Schreibweise« herhalten sollten als Utopie. Ernsthaft kann es doch nur darum gehen, die Asymmetrien im Geschlechterverhältnis aufzulösen, also weder das »Männliche« noch das »Weibliche« so stark zu gewichten, daß eines von beidem auf der Strecke bleibt. Daß die unkritischen Teile der Frauenbewegung den Männern viel zu viel Gewicht geben und zugleich jedes weibliche Leichtgewicht für wichtig erklären, hat Julia Kristeva schon vor mehr als zehn Jahren gesehen.

Marlies Janz

Der Männerhaß geht bei manchen Frauen so weit, daß sie alle von den Männern anerkannten Werte verwerfen und alles ablehnen, was sie, die Frauen, als ›männliche Modelle‹ bezeichnen. Ich kann dem nicht zustimmen, da ich nicht glaube, daß es spezifisch feminine Eigenschaften, Werte oder Lebensweisen gibt. Daran zu glauben, hieße, die Existenz einer weiblichen Natur anzuerkennen, mit anderen Worten: einem

Mythos anzuhängen, der von den Männern eigens erfunden wurde, um die Unterdrückung der Frau aufrechtzuerhalten. Es geht für die Frauen nicht darum, sich als Frauen zu bestätigen, sondern als ›ganze‹, ›vollständige‹ menschliche Wesen anerkannt zu werden. Alle ›männlichen Modelle‹ abzulehnen, wäre unsinnig.

Simone de Beauvoir

Ist diese Art von staatstragendem und oft ziemlich autoritärem Feminismus alles, was Frauen als Frauen mitzuteilen haben, wenn sie auf die öffentliche Bühne springen?

Katharina Rutschky

Kinderwunsch

Daß es Betty Friedan und Gloria Steinem nicht gelang, eine Allianz zu schmieden, war symptomatisch für das Problem. Frauen, die das Familienleben ablehnten, verachteten Frauen, die es wollten. Der Haß war vielleicht teilweise so wie die sauren Trauben. Der Drang, Kinder zu haben, ist so stark, daß man einen hohen Preis zahlen muß, wenn man selbst darauf verzichtet.

Meine beste Freundin verstand all das viel früher als ich.

»Wie kann ich mich mit einer Bewegung identifizieren, die sagt, man müsse kinderlos oder lesbisch sein, um Feministin zu sein?«

»Du übertreibst das Problem«, sagte ich zu ihr. »Du bist auch ein Teil der Wählerschaft.«

Aber sie fühlte sich ausgeschlossen. Und das taten viele Frauen. Ich traf sie überall – diese leidenschaftlichen Feministinnen, die Männer und Kinder lieben. Solange wir nicht offen die Fehler einräumen, die der

Feminismus vor dem Jahrzehnt der Gegenreaktion machte, können wir nicht verhindern, daß es wieder zu einem Rückschlag kommt.
Als Frauen müssen wir noch üben, uns mit anderen Frauen zu verbünden. Wir neigen noch immer dazu, andere Frauen als Konkurrentinnen zu sehen, die man beseitigen muß. Wir handeln noch immer wie in *Alles über Eva*. Jüngere Frauen intrigieren, um ältere Frauen zu ersetzen; älteren Frauen fällt es schwer, jüngere Frauen zu loben. Männer werden von männlichen Mentoren auf der Erfolgsleiter nach oben geschubst, während wir immer Mittel und Wege finden, Angehörige unseres eigenen Geschlechts niederzumachen. Wir dürfen diese Sabotage nicht einmal eingestehen, weil sie offiziell nicht existiert. Aber wir haben sie alle erlebt. Und je länger wir darüber schweigen, desto länger behält sie ihre Macht über uns.

Erica Jong

»Kinder kriegen genügt nicht«, sagen die Emanzen. Sicher, Kinder »kriegen« genügt nicht, aber sie zu reifen, glücklichen Menschen zu erziehen, ist eine hohe Aufgabe. Die wichtigste, die es in der Gesellschaft überhaupt gibt. Vielleicht auch die schönste.
Warum wollen wir unbedingt den Männern gleich sein, hocken frisiert und schick in Büros, kaufen im Schnellgang verschwitzt und müde vor Ladenschluß im Supermarkt ein, schleppen atemlos Flaschen und Netze in den vierten Stock, holen abgehetzt unsere Kinder aus Schule und Kindergarten, füttern sie ohne Freude mit Schnellgerichten aus der Tiefkühltruhe, waschen unsere Wäsche am Sonntag und schlafen, reizlos für den Mann, vor dem Fernseher ein, wenn er seine Lieblingssendung Sport mit uns teilen möchte.
Warum nur, warum – ist Hausfrau zu sein, Kinder zu

erziehen, einen glücklichen Mann zu haben, kein Beruf mehr?
So wie ich meine Kinder und meinen Mann am Morgen entlasse, so kommen sie mir am Abend zurück.
Wirkliche Emanzipation wird erst sein, wenn wir Frauen das, was uns Jahrhunderte lang aufgezwungen wurde, freiwillig tun.
Das Weibliche wird so sehr gebraucht in der Welt.
Sonst laufen wir Gefahr, von Enttäuschung zu Enttäuschung zu gehen, bauen nie unser Leben, nützen es nur, solange es dauert – lassen uns scheiden, wenn es nicht mehr geht. Und Kinder wachsen auf ohne Eltern, ohne Vater, ohne wirkliches Zuhause, ohne Zeit für ihre Probleme.
Oft rächen sie sich – spätestens, wenn die Welle der Drogen, die Faszination von Gewalt und Terrorismus über sie hinwegrollt.

Maria Schell

An die Frauen, die, wie vor Jahren die älteren Genossinnen aus der Protestbewegung, eines Tages mit Bestürzung feststellen, daß Schwangerschaft, Geburt und das Leben mit einem neugeborenen Kind für sie die Farbe eines Wunschtraums angenommen haben: Zerbrecht Euch nicht den Kopf darüber, wie Ihr wohl zu diesem Wunsch gekommen sein mögt; der ist älter als jeder Zweifel.

Barbara Sichtermann

Typisch weiblich?

Bislang ist die *Persönlichkeit* in Nadelstreifenanzügen und auf flachen Ledersohlen dahergekommen, und also wollen die Frauen, die ausziehen, sich diese zu erobern, nun auch so ähnlich aussehen: Alle Elemente der weiblichen Kleidung sind Variationen irgendeiner männlichen, sei es nun, daß Frauen und Mädchen im Pullover und Sweater des skandinavischen Holzfällers, in den Jeans des Cowboys oder in der Hemdbluse des Wandervogels einhergehen. Das Kostüm gar, in den letzten Jahren die unausweichliche Garderobe der berufstätigen Frau, ist die Kopie des Herrenanzugs und auch so praktisch wie dieser, weil man Hemd wie Bluse schnell wechseln und dem Kunden immer wieder frisch entgegentreten kann. Kurz: Der Stolz der Frau ist heute die lockergeschneiderte Stoffmasse, in der das Fleisch ertrinkt, oder das Kostüm, dessen ebenso qualitätvoller wie unanschmiegsamer Stoff den Körper wie eine Verpackung umgibt, und eben nicht die zweite Haut, die schalkisch an die erste erinnert. Die Emanzipation ist bei der Arbeit, nicht bei der Lust angekommen; die Ideale der männlichen Praxis bestimmten – wie sollte es anders sein – den Kopf der Frauen: denn, das scheint die Bilanz der letzten Jahrzehnte zu sein, sofern die Frau sich emanzipiert – und das heißt nichts anderes, als daß sie ins öffentliche Leben eintritt –, übernimmt sie den Gestus der Männer, die das öffentliche Leben in jahrtausendelanger Anstrengung zu dem gemacht haben, was es nun einmal ist, und wo so leicht ein weiblicher Akzent nicht zu setzen ist.

Hannelore Schlaffer

Es sind die feministischen Gazetten, aus denen den »lieben Friedensfrauen« – so der Titel einer polemischen Attacke in *Emma* 8/81 – der Wind ins Gesicht bläst ... In Dorothea Brockmanns Argumentation sind Krieg und Frieden austauschbar geworden. Wir sollen uns nicht länger »mutlos weigern, im Kriegsalltag unseren Alltagskrieg wiederzuerkennen«, lese ich. Der

Atomkrieg, nicht wahr, ist also schon unter uns, ein Krieg der Männer gegen uns Frauen, in dem allein wir die Opfer sind? Wir schreckten vor der männlichen Kategorisierung als »Flintenweiber« zurück, erfahre ich, anstatt uns zu fragen: »Warum sind Frauen, die doch im sogenannten Frieden alle Drecksarbeit tun, warum sind sie im Krieg plötzlich dafür zu schade? Warum soll ihnen die Drecksarbeit des kollektiv organisierten Tötens erspart werden?« Ja, warum eigentlich, fragen sich auch die emanzipationsfreudigen Militärstrategen aus Bonn, während Dorothea Brockmann die Frauen lehrt: »Krieg und Frieden, das sind Kategorien der männlichen Verbündeten, auf meinen, auf unseren Alltag treffen sie nicht zu.«
Punkt, basta. Eine lapidar formulierte Ungeheuerlichkeit, mit der der radikalfeministische Meta-Frauenstandpunkt, der schon die politischen Kategorien von links und rechts, fortschrittlich und reaktionär als »patriarchalische Einrichtungen« verwarf, bei der äußerst denkbaren Zuspitzung angekommen ist.

Lottemi Doormann

Was aber will *Emma,* wenn sie die Friedenskämpferinnen in der Frauenbewegung so aufgeregt angreift? Wenn sie versucht, den Emanzipationskampf gegen den Friedenskampf auszuspielen und sich erdummt, mit »Friede, Freude, Mutterkuchen« unsere Bewegung aufs frauenfeindlichste zu diffamieren? Die erste Frauenbewegung hat uns gelehrt, welche fatalen Folgen die Trennung der Frauenfragen von den allgemeinpolitischen Fragen hatte: wie sich die bürgerliche Frauenbewegung vereinnahmen ließ für den Hurrapatriotismus und später dem Nationalsozialismus nichts entgegenzusetzen hatte.

Lottemi Doormann

Wer als Frau Macht hat, muß mit Liebesverlust rechnen. Eine solche Frau ist oft nicht nur dem Haß der Männer, sondern auch dem der Frauen, die sich machtlos fühlen, ausgesetzt. Ich denke, jede von uns kennt den Zorn, den man als Frau im Beruf, in der Partnerschaft und als Mutter spürt, wenn man für alles und jedes zuständig zu sein hat, ohne die Macht zu haben, etwas zu ändern, oder wenn man sie aus Angst vor Ablehnung auch gar nicht haben möchte. Als Frauen neigen wir nach wie vor dazu, unsere untergründigen Aggressionen in Vorwurfs- und Opferhaltungen umzuwandeln und dadurch eine für uns wie für die Betroffenen wenig erfreuliche passive Aggression auszuüben.

Margarete Mitscherlich

Die politische Naivität der Feministinnen ist fatal: Sie glauben, daß wir alle friedliebende, harmoniesüchtige Menschen sind.

Camille Paglia

Sexualität

Daß die Frauenbewegung im Recht war, als sie ›Halt!‹ rief, habe ich zugestanden. Nach ihrem ›So geht es nicht weiter‹ hätte frau verschiedene neue Ideen entwickeln können, die einer weiblichen Sexualität mit gar keiner oder höchstens marginaler männlicher Beteiligung war nur eine unter möglichen anderen.
Für Mehrheiten aussichtsreicher wäre es gewesen, *Egalität* im Namen und im Zeichen des Sexus zu probieren. Das hätte verlangt, die Ungleichgewichte, die durch die männliche Vorherrschaft hineingekommen sind, zu entfernen, anstatt sie durch ebenfalls einsei-

tige ›weibliche‹ Subversion zu verdoppeln … Hätte der Feminismus die Kritik in diese Richtung getrieben, dann hätte er den Männern eine Vorstellung davon vermittelt, *wieviel* ihnen entgeht, wenn sie den Sex zu einem Herrschaftsverhältnis degradieren, Frauen also das Recht bestreiten, ihre Wünsche anzumelden und auf Erfüllung zu drängen. Denn jeder erfüllte Weiberwunsch müßte, wenn meine Voraussetzung stimmt, auch den Männern etwas schenken.

Barbara Sichtermann

Bemerkenswert ist allerdings, daß bis heute viel bekannter ist, was Frauen nicht mehr wollen, was sie verweigern (zum Beispiel die von Alice Schwarzer empfohlene Verweigerung der sogenannten »Penetration«), was sie frigide macht und zu einem Objekt zur Befriedigung männlicher Lust herabwürdigt, als das, was Frauen sich unter befreiter, emanzipierter Sexualität vorstellen, wünschen, zu leben versuchen. Es gibt nur wenige Bücher, die nicht in der beredten Klage sexueller Unterdrückung und Frustration steckenbleiben, sondern von einer selbstbewußten Frauenposition aus sexuelle Erfahrungen, Erwartungen und Perspektiven von Frauen darstellen.

Lottemi Doormann

Ich akzeptiere auch die Vorstellung nicht, daß jeder Koitus eine Vergewaltigung sei. Ich finde sogar, daß ich zu weit gegangen bin, als ich in *Le deuxième Sexe* schrieb: »Die erste Penetration ist immer ein Akt der Gewalt.« Ich dachte dabei vor allem an die traditionellen Hochzeitsnächte – an jene Situation, wo eine ahnungslose, unberührte junge Frau mehr oder weniger ungeschickt entjungfert wird.

Simone de Beauvoir

»Der deutsche Mann« – er ist wieder wer. Dank der Haus-Wissenschaftlerin von *Brigitte,* der Gießener Soziologin Helge Pross, die sich im Auftrag der Frauenzeitschrift nach den Hausfrauen (»Die Wirklichkeit der Hausfrau«) nun des angekratzten Images des »deutschen Mannes« annahm.
»Es ist in den letzten Jahren soviel über Frauen geredet und geschrieben worden. Ich fand es an der Zeit, einmal den Mann zu befragen, was er eigentlich denkt«, gestand Frau Pross auf einer von *Brigitte* arrangierten Pressekonferenz, wo sie die Ergebnisse ihrer repräsentativen Untersuchung vom deutschen Mann, interpretiert im aktuellen Bewußtseinsjargon, unter die zahlreichen Journalisten brachte … Aber nach Ursachen zu forschen, Zusammenhänge zu untersuchen und Relationen herzustellen, ist die Sache der Pross nicht. Sie macht ihre Rechnung auf der anderen Seite der Barrikade, indem sie Erscheinungsformen des Bestehenden als objektiv gemessene wissenschaftliche Erkenntnis erneut unter die Leute trägt und sie damit multiplizieren und verfestigen hilft.

Lottemi Doormann

Wenn wir uns z. B. an die Diskussion um den vaginalen und klitoralen Orgasmus erinnern – eine Diskussion, die ausgehend von einem kleinen Traktat von Anne Koedt damals viele Consciousnessraising-Gruppen, Diskussionszirkel und selbst Dissertationen inspiriert hat – so springt ins Auge, daß das Problem hier eine lediglich technische oder biologische Formulierung erfahren hat. Diese Reduktion erschien damals als *Erlösung*: Endlich, atmeten die Frauen auf, weiß ich, warum ich nicht befriedigt bin; das Zentrum meiner Lust liegt da, wo der Penis nicht hinkommt. Aber es war eine

Erlösung durch eine *Reduktion,* deshalb eine Scheinerlösung, in Wahrheit eine Flucht, ein Ausweichen.
Ich will bei diesem Beispiel bleiben und daran weiter zeigen, daß die Feministinnen mit ihrer Kritik an der sexuellen Gewohnheitspraxis den allgemeinen Trend zur Vernebensächlichung und Verlangweiligung der sexuellen Erfahrung gestützt haben und wie scheinhaft und flüchtig das ›Neue‹ manchmal war.

Barbara Sichtermann

Von Spaß, von Rausch, von Vergnügen, von »Sturm-Eros«, gar von großer Passion ist kaum mehr die Rede. Alles dies ist teils in den Sex-Übungen, teils in der Larmoyanz einer, wie ich leider sagen muß, überwiegend weiblichen Bekenntnisliteratur auf der Strecke geblieben.

Kyra Stromberg

Als Expertin in Sachen Erotik gilt neuerdings die Konkursbuchverlegerin Claudia Gehrke, die seit einigen Jahren die Anthologien »Mein heimliches Auge« herausgibt, Enthüllungen allerintimster, persönlichster, sexuell stimulierender Szenen. Beim 3. Band dieser »Jahrbücher der Erotik« war sie besonders stolz darauf, daß überdurchschnittlich viele Frauen mitgewirkt haben, beim 4. Band, der diesen Herbst herauskommt, sind es »mindestens 2/3 Frauen und höchstens 1/3 Männer«, worauf die mathematikbegeisterte Verlegerin noch stolzer ist und es extra in der Vorschau ihres Verlages erwähnt.
In diesen Sammelsurien sieht Claudia Gehrke ein »Plädoyer für eine Politik erotischer Kultur von Frauen«. Mit demselben ausgestattet, reist sie als feministische Erotikverwalterin und Sexualitäts-Expertin durch die

Bundesrepublik, um auf Hearings der GRÜNEN, auf Tagungen, Diskussionsveranstaltungen etc. für ihr Konzept von weiblicher Erotik zu werben.

Ingrid Klein

Daß die sexuellen Phantasien von Frauen Vorstellungen von Vergewaltigung einschließen, daß also die Vorstellung einer Vergewaltigung nicht nur Männer ›anmacht‹, wurde lange vermutet, inzwischen scheint es empirisch belegt.

Barbara Sichtermann

Madonna, eine Frau, die ich sehr bewundere, sagte, daß viele Frauen in diesen Beziehungen bleiben, weil sie die Schläge brauchen, ja, richtiggehend nach ihnen verlangen. Sie sind einfach masochistisch.

Camille Paglia

Die Behauptung von der alltäglich erlebten direkten oder strukturellen Gewalt, die von Männern ausgeübt und von Frauen erlitten wird, steht zwar nicht im Einklang mit dem, was das Bundeskriminalamt weiß, das tut der Popularität, die diese Horrorszenarien genießen, aber keinen Abbruch. Wer gar die Tricks aufzeigt, mit denen nicht mehr bloß die Boulevardpresse Einzelfälle zu Exempeln aufbläst und aus Statistiken durch die Umrechnung auf die individuelle Lebensuhr persönliche Betroffenheit und entsprechende Angst erzeugt, steht auf verlorenem Posten; denn er macht sich sofort des Zynismus gegenüber den ja auch tatsächlich existierenden Opfern schuldig, und seine Redezeit ist längst abgelaufen, ehe er die Komplexität der Verhältnisse erklärt hat.

Katharina Rutschky

Kein Wunder, daß das Wort »Feminismus« gefürchtet wurde. Es war viel zu eng definiert. Ich definiere eine Feministin als sich selbst ermächtigende Frau, die dasselbe für ihre Schwestern will. Ich glaube nicht, daß der Begriff eine bestimmte sexuelle Orientierung, einen bestimmten Kleidungsstil oder die Zugehörigkeit zu einer bestimmten politischen Partei beinhaltet. Eine Feministin ist nur eine Frau, die die Vorstellung nicht akzeptieren will, daß die Macht der Frauen von den Männern kommen muß.
Die Wiederkehr des Frauenhasses in den achtziger Jahren war teilweise ein Produkt der rechtsgerichteten politischen Macht. Aber sie war auch, mindestens zum Teil, eine Reaktion der Politik von Frauen gegen Frauen. Stellen Sie sich vor, was wir hätten tun können, um den Gegenschlag zu kontern, wenn wir einig gewesen wären statt gespalten? Wir wachten erst auf und fingen mit dem Aufbau von Solidarität an, als die Reaktion gegen den Feminismus sich schon über ein Jahrzehnt festgesetzt hatte.

Erica Jong

Nachwort

Wenn der Schimpf am besten ist, soll man aufhören

Beispiele herauspicken ist notorisch gemein.
Christel Dormagen

Am Anfang dieser Reihe stand der Band »Dichter beschimpfen Dichter. Eine ultimative Sammlung aller Kollegenschelten«. Jörg Drews hat ihn mit sichtbarer Lust zusammengestellt – die sich auch auf den Leser überträgt. Das Konzept »Dichter beschimpfen Dichter« funktioniert wunderbar, weil – und das gilt für Philosophen und Künstler nicht minder – ein altes Klischee bedient wird. Alle Größen des Geistes sind neidisch und mißgünstig auf den Erfolg der Kollegen, sie streiten und klatschen gern. Man muß das nicht generell abstreiten, aber daß die Klatsch/Tratsch/Zank-Ebene hier eine besonders beliebte Optik abgibt, hat – als Kehrseite des deutschen Geniekultes – vor allem einen entlastenden Effekt: Auch die großen Geister können so genüßlich in ihrer ganzen menschlichen Kleinheit betrachtet werden. Das wirkt befreiend und lädt zu neuen, vom Pathos der Genieverehrung gereinigten Blickweisen ein.
Der (heimlichen) Lust und Schadenfreude am Gezänk mehr oder minder bekannter Frauenfiguren liegen durchaus vergleichbare Mechanismen zugrunde. Wo Frauen sich vermehrt artikulieren und auch jenseits des Theaters Terrain auf den diversen Bühnen des sozialen Lebens erobern, treten Angstgefühle und Abwehrmechanismen auf den Plan. Das meint keineswegs nur die postulierte Rollback-Strategie der Männergesellschaft, auch Frauen, die nicht zu den Gewinnerinnen

der erkämpften Emanzipationsschritte gehören, geraten unter Legitimationsdruck und sehen sich mit Identitätsproblemen konfrontiert. Der traditionelle Männerwitz ist zwar in keiner Weise ein ausgestorbenes Phänomen, in seiner doch schon recht angegrauten Simplizität deckt er aber die – keineswegs nur männlichen – Hämebedürfnisse nicht mehr so recht ab.

»Von der Notwendigkeit, fremden Frauen einen guten Empfang zu bereiten« – so betitelt Flora Tristan eine 1835 in Paris erschienene Schrift, in der sie organisierte Frauensolidarität proklamiert. Bis heute ist die Frauenbewegung in der Frage uneins, inwieweit diese berechtigte Forderung auch den kritischen Diskurs zu bestimmen hat, der, nimmt man das Konzept wörtlich, kaum Chancen hatte, sich zu entwickeln. Generell scheinen Frauen in ihren schriftlichen Äußerungen und Urteilen über Mitmenschen eher ängstlich und vorsichtig zu sein. Am 16. Dezember 1839 gibt die Komponistin Fanny Mendelssohn in einem Brief an ihre Schwester Rebecka Dirichlet einen kleinen Bericht über ihren Rom-Aufenthalt, der, was Gemeinheiten betrifft, in dem Satz gipfelt: »Entre nous soit dit, ein solches Naturalienkabinett von langweiligen Leuten jedes Alters und Geschlechts wie hier ist mir noch fast nie vorgekommen. Es ist ganz unglaublich, und sie scheinen aus ganz Europa recht eigentlich in der Absicht hier zusammengekommen zu sein, um ein Ensemble zu bilden, das seinesgleichen nicht hat.« Schlimmeres folgt nicht, auch keinerlei Namennennung, und dennoch vermeint die Schreiberin, in ihren Ausdrücken zu deftig gewesen zu sein, denn sie schließt den Brief mit dem dringlichen Ersuchen: »Ich bitte Dich um fünfzig Pfund Butter, wie mein Mann zu sagen pflegt, laß diesen Brief unter Mutter und Geschwistern bleiben, es ist zuviel Klatscherei darin und die ganze Welt ein großes Rad.« Diese Art der Ab-

schwächung, Zurücknahme und Absicherung, die den Invektiven unmittelbar auf den Fuß folgt, findet sich häufig und reduziert oft schon vorab die Verve des geäußerten Unmuts. Ein Befund der Recherchearbeit war dementsprechend auch: Frauen schimpfen viel weniger als das Klischee wahrhaben will, zumindest weniger lautstark und direkt. Nicht selten erschließt sich die eigentliche Gemeinheit erst in einer Art Umwegverfahren. Eingebettet in wohlwollende Sympathiephrasen können subtile Bösartigkeiten lauern; die Tarnkappe nimmt dem Urteil die Schärfe oder sorgt zumindest für eine gewisse Zweideutigkeit. Wenn die österreichische Schriftstellerin Jeannie Ebner in ihrer Autobiographie von ihrer »Freundin«, der Bildhauerin Maria Bilger, als einer großen fleischfressenden Pflanze mit großgeschnittenem Tiergesicht spricht, die dumpf vor sich hinwächst – ist das nun eine Reverenz vor der Freundin oder eine Unflätigkeit?
Auf den ersten Blick wirken daher einige Zitate dieser Sammlung ein wenig verschleiert und nicht allzu scharf; oft war es notwendig, etwas längere Ausschnitte zu wählen, da sich verborgene Anwürfe erst aus dem Umfeld als solche zu erkennen gaben (wodurch sich auch der künstliche Einbau von Rätselfragen erübrigte). Das Lesebedürfnis nach Beschimpfungen – im Sinne der vorangegangenen Bände dieser Reihe – befriedigen vor allem die Abschnitte »Frauen in der Literatur ... und auf diversen Bühnen« und »Frauen berühmter Männer«. Aber auch hier galt: Das Suchverfahren war aufwendig und langwierig, die Ausbeute über weite Strecken gering. Vielleicht mit Ausnahme von Claire Goll, die sich auf ein befreiendes, rücksichtsloses Rundum-Schimpfen trefflich verstand, kann hier kaum je in vergleichbarer Weise aus dem Vollen geschöpft werden wie bei Friedrich Nietzsche, Karl Kraus, Heinrich Heine oder Arno

Schmidt. Das ist wohl auch der Grund dafür, daß man unter den 750 Zitaten der »ultimativen Sammlung« der Dichterschelte nur 50 Zitate von Frauen findet, wobei nur in sieben Fällen auch die Adressaten weiblich sind. Ein eigenes Kapitel »Dichterinnen beschimpfen Dichterinnen« schien sich hier also keineswegs zu erübrigen. Da als bevorzugte Äußerungsform von Frauen traditionell autobiographisches Schreiben angesehen werden kann, entstammen viele der schließlich doch noch aufgefundenen Zitate, Lebensberichten, Tagebüchern und Briefen, weshalb zumindest auch eine kleine Auswahl persönlicher / innerfamiliärer / anonymer Beschimpfungen nicht fehlen sollte. Latente innere Zensur, um unsolidarisches Handeln und offene Konflikte zu vermeiden, mag auch ein Grund dafür sein, daß die schönsten Verrisse aus den Feuilletons selten von Frauen stammen – was nicht nur mit ihrer geringeren Repräsentanz in den Redaktionen zusammenhängt. In der Regel tendieren Kritikerinnen dazu, kritisch anzumerken. Sie geben zu bedenken, schränken das Lob ein – kritisieren ein wenig, aber nicht zu viel und nur ganz selten wirklich herzhaft polternd.

Das letzte Kapitel versammelt einige Streiflichter aus den Debatten innerhalb der Frauenbewegung. Trotz dieses etwas gewichtigen Ausklangs gilt der spielerische Charakter dieser Reihe natürlich auch für diese Sammlung. Zwangsläufig ist vieles aus dem Zusammenhang gerissen und dadurch in einen verfälschenden Zusammenhang gestellt. Steht etwa zu Beginn einer Autobiographie ein griffiges böses Urteil, so findet sich diese Aussage hier wieder, auch wenn die Autorin ihre Meinung im Laufe ihres Lebens bzw. des Buches revidiert hat. Das ist der Preis derart provokanter Zitatensammlungen, der den Spaß bei der Lektüre freilich nicht beeinträchtigt.

Bleibt noch ein abschließendes Dankeschön: an Stefanie Holzer, die in der Anfangsphase dieses Bändchens dabei war, in der Folge sein Zustandekommen mit Interesse verfolgte und bei der Erstlektüre des Manuskripts viel gelacht haben soll; und an Christine Schmidjell, die wie immer mit Rat und Tat zur Seite stand.

Evelyne Polt-Heinzl

Namenregister

Rechteverzeichnis

Rosa Albach-Retty: So kurz sind hundert Jahre – Erinnerungen. Aufgezeichnet von Gertrud Svoboda-Srncik. München/Berlin: Herbig, 1978. – © by F. A. Herbig Verlagsbuchhandlung GmbH, München.

Simone de Beauvoir: Memoiren einer Tochter aus gutem Haus. Übers. von Eva Rechel-Mertens. Reinbek: Rowohlt, 1978. – Copyright © 1960 by Rowohlt Verlag GmbH, Reinbek.

Simone de Beauvoir: Alles in allem. Übers. von Eva Rechel-Mertens. Reinbek: Rowohlt, 1974. – Copyright © 1974 by Rowohlt Verlag GmbH, Reinbek.

Cheryl Benard/Edit Schlaffer: Laßt endlich die Männer in Ruhe oder Wie man sie weniger und sich selbst mehr liebt. Reinbek: Rowohlt, 1990. – Copyright © 1990 by Rowohlt Verlag GmbH, Reinbek.

Nina Berberova: Baronin Budberg. Abenteurerin, Doppelagentin, Femme fatale. Übers. von Christine Süss. Hildesheim: Claassen, 1992. – © 1992 Claassen Verlag, Hildesheim.

Nina Berberova: Ich komme aus St. Petersburg. Übers. von Christine Süss. Hildesheim: Claassen, 1990. – © 1990 Claassen Verlag, Düsseldorf (jetzt Hildesheim).

Jeannie Ebner: Der Genauigkeit zuliebe: Tagebücher 1942–1980. Graz/Wien/Köln: Styria, 1993. – © Verlag Styria Graz Wien Köln 1993.

Marta Feuchtwanger: Leben mit Lion. Gespräch mit Reinhart Hoffmeister in der Reihe »Zeugen des Jahrhunderts«. Hrsg. von Ingo Hermann. Göttingen: Lamuv, 1991. – Mit Genehmigung des Lamuv Verlages, Göttingen.

Claire Goll: Ich verzeihe keinem. Eine Chronique scandaleuse. Übers. von Ava Belcampo. Bern/München/Wien: Scherz, 1976. – © Argon Verlag GmbH, Berlin.

Claire Goll/Iwan Goll: Meiner Seele Töne. Das literarische Dokument eines Lebens zwischen Kunst und Liebe – aufgezeichnet in ihren

Briefen. Hrsg. von Barbara Glauert. Bern/München/Wien: Scherz, 1978. – © Argon Verlag GmbH, Berlin.

Christiane von Hofmannsthal: Tagebücher 1918–1923 und Briefe des Vaters an die Tochter 1903–1929. Hrsg. von Maya Rauch und Gerhard Schuster. Frankfurt am Main: S. Fischer, 1991. – Mit Genehmigung des S. Fischer Verlages, Frankfurt am Main.

Gina Kaus: Von Wien nach Hollywood. Erinnerungen von Gina Kaus. Hrsg. von Sibylle Mulot. Frankfurt am Main: Suhrkamp, 1990. – ©Suhrkamp Verlag Frankfurt am Main 1990.

Hildegard Knef: Der geschenkte Gaul. Bericht aus einem Leben. Wien/München/Zürich: Molden, 1970. – © Albrecht Knaus Verlag GmbH, München 1983.

Alexandra Kollontai: Ich habe viele Leben gelebt ... Autobiographische Aufzeichnungen. Berlin: Dietz, 1982. – Mit Genehmigung der Dietz Verlag Berlin GmbH.

Katherine Mansfield: Briefe. Hrsg. von Vincent O'Sullivan. Übers. von Eike Schönfeld. Frankfurt am Main: Insel, 1992. – Mit Genehmigung des Insel Verlages Frankfurt am Main.

Kate Millett: Fliegen – Flying. Zweiter Band. Übers. von Erica Fischer. Köln: Kiepenheuer & Witsch, 1982. – © 1982 by Verlag Kiepenheuer & Witsch Köln.

Margarete Mitscherlich: Die friedfertige Frau. Eine psychoanalytische Untersuchung zur Aggression der Geschlechter. Frankfurt am Main: Fischer Taschenbuch, 1987. – Mit Genehmigung des S. Fischer Verlages, Frankfurt am Main.

Anne Morrow Lindbergh: Verschlossene Räume, offene Türen. Jahre der Besinnung. Übers. von Elisabeth Piper. München: Piper, 1975. – © Piper Verlag GmbH, München 1975.

Anaïs Nin: Tagebücher I (1931–1934) und Tagebücher III (1939 bis 1944). Hrsg. von Gunther Stuhlmann. Übers. von Herbert Zand. München: Deutscher Taschenbuch Verlag, 1971. – © by Nymphenburger Verlagsanstalt in der F. A. Herbig Verlagsbuchhandlung GmbH, München.

Maria Ley Piscator: Der Tanz im Spiegel. Mein Leben mit Erwin Piscator. Übers. von Michael Prinz. Reinbek: Rowohlt, 1993. – Copyright © 1989 by Rowohlt Verlag GmbH, Reinbek.

Erika Pluhar: Aus Tagebüchern. Reinbek: Rowohlt, 1982. – Copyright © 1981 by Rowohlt Verlag GmbH, Reinbek.

Erika Pluhar: Marisa. Rückblenden auf eine Freundschaft. Hamburg: Hoffmann & Campe, 1996. – © 1996 by Erika Pluhar. © der deutschen Ausgabe: 1996 by Hoffmann & Campe, Hamburg.

George Sand: Geschichte meines Lebens. Auswahl aus ihrem autobiographischen Werk. Frankfurt am Main: Insel, 1992. – Mit Genehmigung des Insel Verlages Frankfurt am Main.

Barbara Sichtermann: Weiblichkeit. Zur Politik des Privaten. Berlin: Wagenbach, 1983. – Mit Genehmigung des Verlages Klaus Wagenbach, Berlin.

Edith Sitwell: Mein exzentrisches Leben. Autobiographie. Übers. von Karl A. Klewer. Frankfurt am Main: Frankfurter Verlagsanstalt, 1989. – © 1989 by Frankfurter Verlagsanstalt GmbH, Frankfurt am Main.

Hilde Spiel, die grande dame. Gespräch mit Anne Linsel in der Reihe »Zeugen des Jahrhunderts«. Hrsg. von Ingo Hermann. Göttingen: Lamuv, 1992. – Mit Genehmigung des Lamuv Verlages, Göttingen.

Hilde Spiel: Die hellen und die finsteren Zeiten. Erinnerungen 1911–1946. München: List, 1989. – Mit Genehmigung des Paul List Verlages, München.

Hilde Spiel: Welche Welt ist meine Welt? Erinnerungen 1946–1989. München: List, 1990. – Mit Genehmigung des Paul List Verlages, München.

Hilde Spiel: Briefwechsel. Hrsg. von Hans A. Neunzig. München/Leipzig: List, 1995. – Mit Genehmigung des Paul List Verlages, München.

Johanna Woltmann: Gertrud Kolmar. Leben und Werk. Göttingen: Wallstein, 1995. – Mit Genehmigung des Suhrkamp Verlages Frankfurt am Main.

Virginia Woolf: Frauen und Literatur. Hrsg. von Klaus Reichert. Übers. von Hannelore Faden und Helmut Viebrock. Frankfurt am Main: S. Fischer, 1989. – Mit Genehmigung des S. Fischer Verlages, Frankfurt am Main.

Virginia Woolf: Tagebücher I. 1915–1919. Übers. von Maria Bosse-Sporleder. Frankfurt am Main: S. Fischer, 1990. – Mit Genehmigung des S. Fischer Verlages, Frankfurt am Main.

Virginia Woolf: Tagebücher II. 1920–1924. Übers. von Claudia Wenner. Frankfurt am Main: S. Fischer, 1994. – Mit Genehmigung des S. Fischer Verlages, Frankfurt am Main.

Dorothea Zeemann: Jungfrau und Reptil. Leben zwischen 1945 und 1972. Frankfurt am Main: Suhrkamp, 1982. – © Suhrkamp Verlag Frankfurt am Main 1982.

Mit Genehmigung des Verlages KVV KONKRET, Hamburg: Zitate von Christel Dormagen, Marlies Janz, Ingrid Klein, Maria Neef-Uthoff, Sabine Rosenbladt und Ingrid Strobl aus *Literatur Konkret.*

Mit Genehmigung des Verlages Nürnberger Presse: Zitat von Inge Rauh aus den *Nürnberger Nachrichten.*

Mit Genehmigung des Süddeutschen Verlages, München: Zitate von Barbara Bondy, Sibylle Cramer, Michaela Haas, Brigitte Haberer, Susanne Ledanff, Kyra Stromberg und Naomi Wolff aus der *Süddeutschen Zeitung.*

Mit Genehmigung der Redaktion der *Tageszeitung,* Berlin: Zitat von Bascha Mika aus der *Tageszeitung.*

Mit Genehmigung des Zeitverlages, Hamburg: Zitate von Ilse Aichinger, Dorothea Dieckmann und Iris Radisch aus *Die Zeit.*

Mit Genehmigung der Autorin und des Spiegel-Verlages, Hamburg: Zitat von Barbara Supp aus *Der Spiegel.*

Mit Genehmigung der Autorinnen: Sibylle Cramer, Lottemi Doormann, Cornelia Filter, Karin Fleischanderl, Andrea Köhler, Katharina Rutschky, Hannelore Schlaffer und Gabriele Wohmann.

RECLAM-BIBLIOTHEK

Philosophen beschimpfen Philosophen

Die kategorische Impertinenz seit Kant

Herausgegeben von Steffen Dietzsch
135 Seiten. RBL 1542. 16,– DM
ISBN 3-379-01542-3

Insgeheim ist diese Sammlung von Fragmenten eine etwas andere Einführung in die Philosophie. Denn die bösen Enthüllungen über den Beschimpften entstellen auch den Schimpfenden bisweilen bis zur Kenntlichkeit. Das ›Pathos der Distanz‹, mit dem uns Philosophen gewöhnlich begegnen und mit dem wir uns gewöhnlich auch die Philosophie vom Leibe halten, wird hier unterlaufen – und wir erkennen Philosophen durchaus als unsereins. Und so können wir insgesamt unsere Freude haben an dieser fröhlichen Selbstkritik der philosophierenden Vernunft.
Der Herausgeber – ein nomadisierender Philosoph – hat Textstücke aus den letzten zwei Jahrhunderten versammelt. Wir begegnen vertrauten Bosheiten, aber es werden auch längst verschollene Schlechtigkeiten aus dem Schlaf der Vernunft geschreckt.

Künstler beschimpfen Künstler

Herausgegeben von Peter Dittmar
120 Seiten. RBL 1579. 15,– DM
ISBN 3-379-01579-2

»Lobt ein Maler den anderen grundlos, so findet er ihn furchtbar schlecht.«

Markus Lüpertz

Es gehören Mut und Tapferkeit dazu, ein Künstler zu sein. Nicht nur, daß die Ansprüche hoch sind – Innovation wird erwartet, Aura gefordert –, der Kunstschaffende sieht sich obendrein einer immerwährenden Kritik ausgesetzt, nicht selten von gänzlich unberufener Seite. Richtig wüst geht es allerdings erst zu, wenn sich die lieben Kollegen zu Wort melden.

Peter Dittmar, Kulturredakteur der WELT, hat Künstler-Schmähungen aus sechs Jahrhunderten zusammengetragen. Maler, Bildhauer, Zeichner und Architekten nehmen kein Blatt vor den Mund, Pinsel werden zu Dreckschleudern. Und immer gilt das Motto: Kitsch ist das, was andere machen.